MACH MIT!

Britta Bartoldus · Ilka Röhling

MACH MIT!

ICH UND MEIN KÖRPER

Kaufmann

INHALT

ZU DIESEM BUCH

Kinder sind offen für neue Erfahrungen und gehen als Entdecker gerne unterschiedlichen Experimenten nach. Geprägt durch diese kindliche Entdeckerlust benötigt es nicht viel, um Kinder für den eigenen Körper zu begeistern und sich mit diesem auseinanderzusetzen. Die daraus entstehenden Erfahrungen sind in ihrer Entwicklung nicht nur wichtig, um den eigenen Körper zu kontrollieren, sondern auch, um ihn als Ausdrucksmittel zu nutzen. Das Wohlfühlen im und mit dem eigenen Körper zeigen Kinder durch ihre Körpermimik und -gestik.
Viele Möglichkeiten, Körpererfahrungen zu machen, finden sich im Alltag. So spielen die Funktionen des Körpers besonders bei Kindergartenkindern eine große Rolle.

In den letzten Jahren scheint die Körperwahrnehmung bei vielen Kindern schlechter geworden zu sein. Es fehlen ihnen Erfahrungen, besonders im Bereich der ganzkörperlichen Bewegung, um die notwendigen Grundlagen für ein positives Körpergefühl und ein gutes Körperschema zu entwickeln. Viele Kinder können zum Beispiel weder ihre eigene Größe noch ihr Gewicht oder ihren Körperumfang einschätzen. Noch mehr Probleme zeigen sich aber besonders im Umgang mit ihrem Körper und den unterschiedlichen Körperfunktionen.

Eine gute Körperwahrnehmung ist wichtig, damit Kinder ein positives Selbstbild und Selbstbewusstsein entwickeln können. Nur wer seinen Körper selbst von Anfang an als etwas Positives wahrnimmt, kann dieses Bild auch nach außen transportieren. Deswegen sollte in Kindertageseinrichtungen in der Konzeption ein besonderes Augenmerk darauf gelegt werden, den Kindern respektvoll ein gutes Körperbild zu vermitteln. Der eigene Körper ist nichts, was ein Kind verstecken oder wofür es sich gar schämen müsste. Diese positive Körperwahrnehmung bleibt den Kindern dann hoffentlich ein Leben lang erhalten.

Dieses Buch bietet Ihnen praktische Anregungen, mit denen Kinder Erfahrungen mit und über den Körper machen und Wissen über die unterschiedlichen Körperfunktionen bekommen können. Die Kinder lernen also spielerisch ihren eigenen Körper besser kennen.
Dabei können Sie entscheiden, welche Bausteine für die Kinder in Ihrer Einrichtung gerade passend sind. Sie können diese in einem Körperprojekt zusammenstellen oder regelmäßig einzelne Angebote mit den Kindern durchführen.

Bei allen Angeboten gilt: Lassen Sie die Kinder so viel wie möglich selbst machen und geben Sie ihnen nur so viel Hilfe, wie nötig ist. Die eigene Erfahrung, das persönliche Erleben des Körpers und das eigene Handeln sind besonders wichtig, da Kinder so am besten lernen.
Und ganz wichtig ist natürlich, dass der Spaß für die Kinder im Vordergrund steht!

KÖRPERWAHRNEHMUNG IN DER KINDLICHEN ENTWICKLUNG

EINLEITUNG

Im Folgenden werden die wichtigen Meilensteine in der Entwicklung des Körperkonzeptes dargestellt:

VOR DER GEBURT

Bereits in der achten Schwangerschaftswoche fängt der Embryo an, sich zu bewegen. Dabei werden vom Gleichgewichtssystem Sinnesreize wahrgenommen und verarbeitet.

1.–3. MONAT

Nach der Geburt muss sich das Kind mit der Schwerkraft auseinandersetzen. Mit Strampeln kann das Baby dem natürlichen Bewegungsdrang nachkommen. Dafür benötigt es Kleidung, die dies ermöglicht. Das Baby genießt besonders den Körperkontakt zu den Eltern und unterschiedliche Körperpositionen beim Tragen und gewinnt so viele Informationen über das taktile System.

4.–8. MONAT

Unterschiedliche Materialien wie Greifbälle, Rasseln oder Tücher bieten dem Kind neben der Auseinandersetzung mit dem Material auch viel Rückmeldung über die Möglichkeiten des Körpers, dieses Material einzusetzen. Denn die Körperwahrnehmung meint das Wahrnehmen des Körpers mit allen Sinnen. Aus dem Erleben und Spüren des eigenen Körpers entwickelt sich ein Körperbewusstsein, das wiederum Auswirkungen auf das Selbstbewusstsein hat. Das Kennen des Körpers vermittelt Sicherheit und Stärke. Wenn der eigene Körper vertraut ist, kann man ihm etwas zutrauen, angemessen reagieren und handeln. Spürt man sich selbst, nimmt man auch die anderen wieder wahr.

9.–12. MONAT

In der Auseinandersetzung mit dem eigenen Körper gewinnt das Kind Informationen über die Umwelt und fördert dabei seine räumliche Wahrnehmung. Dabei ist die eigene Fortbewegung über das Robben, Krabbeln bis hin zum Laufen ein wichtiger Entwicklungsschritt, den eigenen Körper im Raum wahrzunehmen. Hier spielt besonders das Zusammenspiel der rechten und linken Körperseite eine wichtige Rolle. Das Kind lernt ein Überkreuzen der Körpermittellinie und baut dadurch wichtige Grundlagen für die Koordination auf.
Im ganzheitlichen Bewegungsverständnis der Psychomotorik entwickelt sich über das Körpererleben ein Körperbewusstsein, das den Selbstwert positiv beeinflusst. Ein positiver Selbstwert bzw. ein positives Selbstbild spiegelt sich entsprechend in einer natürlichen Selbstsicherheit wider. Und diese Selbstsicherheit wird zum Beispiel durch aufrechte Haltung zum Ausdruck gebracht, die innere Stärke und Selbstsicherheit vermitteln kann.

2. LEBENSJAHR

Bei ganzkörperlichen Bewegungen wie Klettern, Rollen, Springen und Laufen wird die Schwerkraft noch einmal bewusst erlebt. Dabei ist die Zusammenarbeit der verschiedenen Körperteile entscheidend.
Durch Bewegungs- und Sinneserfahrungen entwickelt das Kind zunehmend ein Körpergefühl und es wird handlungs- und entwicklungsfähig. Dabei steht das freudige Sich-selbst-Bewegen im Vordergrund. Spielerisch lernt das Kind sich dabei selbst kennen.
Die psychomotorische Entwicklungsförderung setzt jetzt genau an dieser Verbindung an, nämlich dem freudvollen Zusammenspiel von Bewegung und Spiel.

3.–4. LEBENSJAHR

Das Kind kann Körperebenen wie oben und unten sowie vorne und hinten unterscheiden. Zudem agiert das Kind vermehrt auch mit anderen Kindern. Aus dieser Interaktion entwickelt sich ein Spiel miteinander. Die Körpererfahrung dabei ist eine wesentliche Voraussetzung für einen sozial kompetenten Umgang.
Jeder Mensch muss zuerst sich selbst kennenlernen, sich in unterschiedlichen Situationen erfahren, seinen Körper, seine Möglichkeiten und seine Grenzen erleben und mit sich selbst liebevoll umgehen können, um auch anderen differenziert zu begegnen. Das Erleben der eigenen Bewegungsmöglichkeiten, Gefühle sowie das Umsetzen von Gefühlen in motorische Aktivitäten helfen, ein klares Ich-Bewusstsein zu erlangen. Dies sind wichtige Voraussetzungen für die offene Begegnung zwischen Menschen.

Durch die spielerischen Bewegungsübungen dieses Buches kann das Kind dabei unterstützt werden, ein positives Gefühl des eigenen Körpers zu erlangen und somit nicht nur die innere Haltung, sondern auch die äußere respektive die Körperhaltung zu stärken.

DIE ERFAHRUNG DES KÖRPERS IST DIE ERFAHRUNG DES ICHS

Die Körpererfahrung, die aus Wahrnehmungs- und Bewegungserfahrungen besteht, liefert die Grundlage für ein positives Selbstkonzept. Dieses positive Selbstkonzept stützt sich auf positive Erfahrungen der Selbstwirksamkeit.
Körpererfahrung hat bei den kleinsten Kindern eine besondere Bedeutung. Zunächst sind die Babys ganz bei sich selbst und ihrem Körper. Sie beschäftigen sich damit, sich selbst zu spüren, unterschiedliche Körperteile wahrzunehmen und drücken ihre Befindlichkeit über ihren Körper aus. Nach einigen Monaten beginnen sie, Dinge gezielt zu untersuchen. Sie setzen sich mit der Beschaffenheit von Gegenständen auseinander. Auch die eigenen Bewegungsmöglichkeiten werden ausprobiert und Tag für Tag erweitert.

Kinder sind von Geburt an bewegungsfreudig. Sie untersuchen ganzheitlich, mit allen Sinnen und körperlichen Möglichkeiten, ihre Umwelt. Im Laufe ihrer Entwicklung erschließen sie sich ihre Umwelt immer weiter und nehmen diese zunehmend differenziert wahr. Am Anfang sind die kindlichen Bewegungen noch ungenau und unkoordiniert. Doch im Laufe ihrer Entwicklung und durch ständiges Üben werde die Bewegungen der Kinder präziser und ausdauernder. Entsprechend der ganzheitlichen Wahrnehmung ihrer Umwelt setzt sich auch die Körperwahrnehmung der Kinder aus dem Zusammenspiel der Sinne wahr. Damit dies gelingen kann, müssen alle Sinne gleichermaßen gefordert werden. Denn nur wer seinen Körper kennt, kann sich in ihm auch wohlfühlen.

Bereiche der Körpererfahrung

Unterteilt wird die Körpererfahrung in Körperschema und Körperbild.

Körperschema
↓
Körperorientierung
↓
Körperkenntnis
↓
Körperausdehnung

Körperbild
↓
Körperbewusstsein
↓
Körpereinstellung
↓
Körperausgrenzung

Körperorientierung

Bei der Körperorientierung geht es darum, den eigenen Körper wahrzunehmen und sich an ihm zu orientieren. Die Körperorientierung unterstützt kontrollierte Bewegungshandlungen, die bei vielen Bewegungsaufgaben und Bewegungsformen wichtiger Bestandteil sind.
Dabei ist die Körperorientierung wichtig für die Entwicklung des Selbstbewusstseins. Sie dient als Grundlage für viele Aufgaben im Bereich der Bewegungssteuerung und der Durchführung von präzisen Bewegungen. Im Alltag zeigt sich dies in Handlungen wie der Stifthaltung oder auch dem selbstständigen An- und Ausziehen.
Zur Körperorientierung zählen die Körpergröße, Körperkonturen, Wahrnehmung der Körperpositionen und Körperteile, das Körpergefühl und die Wahrnehmung der Muskelspannung. Ganz eng zusammen hängt dieser Bereich mit der taktilen Wahrnehmung.

Körperkenntnis

Kinder benötigen die Körperkenntnis, um Strukturen ihres Körpers wahrzunehmen und Funktionen des Körpers zu kennen, aber auch benennen zu können. Benötigt werden die genauen Körperkenntnisse für kontrollierte Bewegungshandlungen und die Entwicklung eines Handlungsplans. Neben bewegungsmotorischen Aspekten wird der Handlungsplan auch für Alltagshandlungen wie Malen und Basteln benötigt.
Dabei sollen Kinder Körperempfindungen kennen und benennen können. Berührungspunkte können von Kindern wahrgenommen und beschrieben werden. Dazu zählen auch das Kennen und Benennen von unterschiedlichen Körperteilen. Diese Kenntnisse geben dem Kind Sicherheit im Umgang mit dem eigenen Körper, aber auch mit anderen Kindern.

Körperausdehnung
Die Körperausdehnung unterstützt, Körpergrenzen wahrzunehmen. Sie beeinflusst das Selbstbewusstsein und hilft, Unfällen vorzubeugen. Dabei wird der Körper in Bewegungshandlungen kontrolliert und das Einhalten von Abständen wird besser möglich. Zur Körperausdehnung gehört, die Körpergrößenausmaße, die Körperentfernungsmaße sowie die Körperkonturen wahrzunehmen und zu vergleichen. Auch den Körper in verschiedenen Positionen bewusst wahrzunehmen und Körperpositionen zu imitieren gehört dazu.

Körperbewusstsein
Kinder brauchen Erfahrungen mit ihrem eigenen Körper. Sie müssen den eigenen Körper sensibel wahrnehmen, um ihn überhaupt kontrollieren zu können. Das Körperbewusstsein ist die Achtsamkeit, die dem eigenen Körper entgegengebracht wird.
Besonders wichtig ist dieser Bereich für den Umgang mit anderen Menschen, denn wenn wir uns in unserem Körper wohlfühlen, zeigen wir dies durch unsere Gestik und Mimik.

Körpereinstellung
Bei der Körpereinstellung geht es um die Einstellung zum eigenen Körper. Wie zufrieden bin ich mit dem eigenen Aussehen? Oder wie unzufrieden bin ich damit? Kinder benötigen eine positive Körpereinstellung für ihr Selbstbewusstsein.

Körperausgrenzung
Körperausgrenzung meint das Erleben der eigenen Körpergrenzen. So wird der Körper abgegrenzt von der Umwelt bewusst wahrgenommen.

UNSER KÖRPER UND UNSER AUSSEHEN

Unser Körper ist wirklich erstaunlich. Wir sind alle verschieden und haben unterschiedliche Merkmale, doch zugleich auch viele Gemeinsamkeiten.
Was für Erwachsene ganz normal ist, müssen Kinder erst noch entdecken. Dabei entwickeln die Kinder spielerisch ein Körperschema und eine bessere Selbstwahrnehmung. Den eigenen Körper zu erforschen, bietet neben sprachlichen Gelegenheiten auch die Möglichkeit, das Wissen zum Körper spielerisch zu erweitern.
Unseren Körper einmal ganz genau anzuschauen, ist Bestandteil dieses Kapitels: das Aussehen, die Größe, Gewicht, Haar- und Augenfarbe, aber auch die einzelnen Körperteile stehen hier im Mittelpunkt. Die Kinder lernen in Spiel-, Bewegungs- und Entspannungsangeboten ihren Körper bewusst kennen und wahrnehmen.

STECKBRIEF-PORTFOLIO

Alter ab 3 Jahren

Anzahl der Kinder 2–6 Kinder

Das lernen die Kinder Die Kinder gestalten ihren eigenen Steckbrief. Dieser Steckbrief verdeutlicht den Kindern wichtige Merkmale ihres Körpers, die ihnen Kenntnisse in Bezug auf ihr Körperwissen geben und damit verbunden eine wichtige Auseinandersetzung zu ihrer Körpereinstellung darstellen.

Das brauchen Sie

- **eine Kopie der Vorlage „Steckbrief" für jedes Kind (siehe Anhang)**
- **Buntstifte**
- **Bilder der Kinder**
- **Klebestift**

VORBEREITUNG

Bitten Sie die Eltern um ein Foto ihres Kindes oder machen Sie selbst ein Foto von jedem Kind. Kopieren Sie für jedes Kind die Vorlage „Steckbrief" (siehe Anhang) und stellen Sie die Buntstifte und den Klebestift bereit.

DURCHFÜHRUNG

Die Kinder bekommen eine Kopie des Steckbriefs und dürfen diesen gestalten. Dabei werden die Merkmale (Augen- und Haarfarbe) in der jeweils passenden Farbe von den Kindern angemalt. Zum Schluss wird das Foto der Kinder aufgeklebt oder die Kinder malen sich selbst in den Bilderrahmen hinein.

KUSSABDRUCK

Alter ab 2 Jahren

Anzahl der Kinder 2–8 Kinder

Das lernen die Kinder Die Kinder machen mit dem eigenen Mund einen Abdruck. Dabei erkennen sie, dass durch unterschiedliche Bewegungen der Lippen auch unterschiedliche Abdrücke entstehen können. Im direkten Vergleich erfahren sie zudem, dass sich die Lippenabdrücke von Kind zu Kind unterscheiden.

Das brauchen Sie

- **roten Lippenstift**
- **kleine Lippenstiftpinsel für jedes Kind**
- **Tuch**
- **ggf. Wasser zum Reinigen**
- **weißes Papier**

VORBEREITUNG

Stellen Sie das benötigte Material bereit und finden Sie sich mit den Kindern zusammen.

DURCHFÜHRUNG

Fragen Sie die Kinder, wie sie ihre Lippen formen können. Dabei können lustige Grimassen entstehen, die den Kindern die Vielfalt der Bewegungen aufzeigen. Bitten Sie die Kinder anschließend, einen Kussmund zu formen.

Jetzt können sich die Kinder mit dem Lippenstiftpinsel nacheinander den Lippenstift auf ihre Lippen auftragen. Im Idealfall haben Sie für jedes Kind einen eigenen Pinsel. Falls das nicht möglich ist, reinigen Sie nach jedem Kind den Pinsel gründlich.

Geben Sie jedem Kind ein Blatt Papier und lassen Sie die Kinder ihre bemalten Lippen in Kussform auf das weiße Papier drücken.

Vergleichen Sie anschließend mit den Kindern die Kussabdrücke. Welche Unterschiede lassen sich erkennen? Unterscheiden sich die Formen je nach Mimik? Gibt es auch Unterschiede zwischen den Lippen der Kinder in Hinsicht auf Größe, Form oder innerhalb des Abdrucks?

FADEN AUFKLEBEN

Alter ab 2 Jahren

Anzahl der Kinder 2–6 Kinder

Das lernen die Kinder Die Kinder können ihre eigene Körpergröße einschätzen und anschließend mithilfe eines Fadens visualisieren. Dabei ist die Körperlänge der erste wichtige Schritt zur Erlangung des Körperschemas. Anschließend können die Kinder ihre Körperlänge miteinander vergleichen.

Das brauchen Sie

- **Zollstock**
- **Klebeband**
- **Wolle**
- **Schere**
- **Maßband**
- **eine Kopiervorlage „So groß bin ich" für jedes Kind (siehe Anhang)**
- **Kleber**

VORBEREITUNG

Kleben Sie mithilfe eines Klebebandes den Gliedermaßstab (Zollstock) an eine Wand.
Kopieren Sie für jedes Kind die Kopiervorlage „So groß bin ich".
Stellen Sie die weiteren Materialien bereit.

DURCHFÜHRUNG

Treffen Sie sich mit den Kindern und messen Sie gemeinsam jedes Kind. Schneiden Sie anschließend in der gleichen Länge jeweils einen Wollfaden ab.
Lassen Sie die Kinder nun die Wollfäden miteinander vergleichen. Wer ist am größten, wer am kleinsten? Wer ist gleich groß?
Anschließend dürfen die Kinder ihre Wollfäden auf ihre Kopie der Kopiervorlage „Körperlänge" in Form einer Schnecke aufkleben.

WIE SCHWER BIN ICH?

Alter ab 2 Jahren

Anzahl der Kinder 2–6 Kinder

Das lernen die Kinder Die Kinder erfahren ihr Gewicht und können dieses besser einschätzen. Dabei wird ihr Gewicht mithilfe von Mehlpackungen visualisiert. Für Kinder ist die Vorstellung ihres Körpergewichts allein in Form von Zahlen sehr schwierig. Mit dem Stapeln von Mehlpackungen kann das Kind das eigene Gewicht ins Verhältnis bringen.

Das brauchen Sie

- **Personenwaage**
- **ca. 25 Mehlpackungen**
- **Fotokamera**
- **eine Kopiervorlage „Wie schwer bin ich?“ für jedes Kind (siehe Anhang)**
- **Buntstifte**

VORBEREITUNG

Stellen Sie die Personenwaage auf eine ebene Fläche. Kopieren Sie für jedes Kind die Kopiervorlage „Wie schwer bin ich?“. Legen Sie die Mehlpackungen sowie die weiteren Materialien bereit.

DURCHFÜHRUNG

Überlegen Sie gemeinsam mit den Kindern, wie schwer sie wohl sind. Fragen Sie die Kinder, wie sie rausbekommen können, wie schwer sie aktuell sind. Was für Ideen haben sie?
Bitten Sie die Kinder nun, einzeln auf die Personenwaage zu gehen. Natürlich gilt auch hier wie immer: Wer nicht mitmachen möchte, muss nicht mitmachen. Stellen Sie anschließend mit dem Kind gemeinsam so viele Mehlpackungen auf die Personenwaage, bis das gleiche Gewicht erreicht wird.
Fotografieren Sie das Kind neben der Waage mit den Mehlpackungen und drucken Sie für jedes Kind das passende Bild aus. Die Kinder können anschließend ihr Bild auf die Kopie der Kopiervorlage „Wie schwer bin ich?“ kleben und auf dem Blatt die passende Anzahl der Mehlpackungen ausmalen.

MEIN KÖRPER IM UMRISS

Alter ab 2 Jahren

Anzahl der Kinder 2–6 Kinder

Das lernen die Kinder Die Kinder entdecken die Form bzw. den Umriss ihres Körpers und können so einzelne Körperteile dem Gesamtkörper zuordnen. Durch das Aufmalen ihres Gesichts können die Kinder dieses ins Größenverhältnis zum Gesamtkörper bringen.

Das brauchen Sie

- **Tapetenrolle (ca. 1,5 m pro Kind)**
- **Schere**
- **Wachsmalstifte**

VORBEREITUNG

Schneiden Sie die Tapetenrolle in passend große Stücke und stellen Sie die weiteren Materialen bereit.

DURCHFÜHRUNG

Die Kinder finden sich zu zweit zusammen. Ein Kind legt sich mit dem Rücken auf eine ausgerollte Tapetenrolle. Der Partner zeichnet mit einem Wachsmalstift die Umrisse des liegenden Kindes nach. Anschließend werden die Positionen getauscht.
Jedes Kind erhält seinen eigenen Körperumriss und schreibt seinen Namen auf die Tapetenrolle. Bitten Sie die Kinder nun, ihr Gesicht in den Umriss zu malen.
Im Folgenden können die Kinder ihren eigenen Körper nach Belieben weiter bemalen. Geben Sie den Kindern dazu Impulse wie z. B. die Haare oder den Bauchnabel einzuzeichnen.

UMRISS LEGEN

Alter ab 3 Jahren

Anzahl der Kinder 2–8 Kinder

Das lernen die Kinder Die Kinder spüren durch das Seil ihren Körperumriss direkt an ihrem Körper. Dabei können sie die Höhe und die Breite des Körpers betrachten und mit den anderen Kindern vergleichen. Dadurch entwickelt sich eine Vorstellung ihres Körperumfangs, was einen wichtigen Bestandteil für die Entwicklung der Vorstellung vom eigenen Körper darstellt.

Das brauchen Sie

- **3 Gymnastikseile pro Paar**

VORBEREITUNG

Legen Sie die Gymnastikseile bereit und treffen Sie sich mit den Kindern im Kreis.

DURCHFÜHRUNG

Fragen Sie die Kinder, ob sie schon wissen, wie groß sie sind, und stellen sie den Kindern in Aussicht, das heute herauszufinden.
Die Kinder finden sich nun zu zweit zusammen. Ein Kind legt sich auf den Boden. Das andere Kind legt mit den Seilen den Körperumriss des Partners nach. Wenn der Umriss fertig ist, steht das liegende Kind vorsichtig auf und kann seinen Körperumriss anschauen.
Anschließend werden die Positionen getauscht.

ALTERNATIVE: KÖRPERUMRISS MIT KASTANIEN NACHLEGEN

Im Herbst können Sie mit den Kindern auch Kastanien sammeln gehen und diese gut trocknen. Statt der Gymnastikseile bekommen die Kinder Kastanien, um den Körperumriss nachzulegen.

MIT SPIEGELN MALEN

Alter ab 4 Jahren

Anzahl der Kinder 2–6 Kinder

Das lernen die Kinder Die Kinder betrachten sich im Spiegel und lernen die einzelnen Merkmale ihres Gesichts kennen. Dazu zählen Augen, Nase, Mund, Zähne, Zunge, Lippen, Augenbrauen, Kinn, Ohren und die Haare. Diese Merkmale sind wichtig, um ein Bild von sich selbst zu bekommen und damit ein positives Selbstwertgefühl aufzubauen.

Das brauchen Sie

- **1 Handspiegel pro Kind**
- **1 Blatt Papier pro Kind**
- **Bunt- oder Wachsmalstifte**

VORBEREITUNG

Stellen Sie die benötigten Materialien bereit und treffen Sie sich mit den Kindern im Kreis.

DURCHFÜHRUNG

Schauen Sie sich in einem Handspiegel an. Geben Sie den Spiegel anschließend reihum im Kreis weiter. Fordern Sie die Kinder auf, sich im Spiegel einmal ganz genau zu betrachten. Fragen Sie die Kinder anschließend, was sie im Spiegel sehen konnten.

Geben Sie nun jedem Kind einen Handspiegel und lassen Sie die Kinder ihr Gesicht so genau wie möglich auf einem Blatt Papier mit Bunt- oder Wachsmalstiften nachzeichnen.

Schauen Sie anschließend mit den Kindern die Bilder an und fragen in die Runde, wer auf dem jeweiligen Bild zu erkennen ist. Können die Kinder die Gesichter erkennen und zuordnen?

HANDABDRUCK AUS TROCKENTON

Alter ab 2 Jahren

Anzahl der Kinder 2–6 Kinder

Das lernen die Kinder Die Kinder machen ihren eigenen Handabdruck aus Trockenton. Die eigene Hand kann so noch einmal besser wahrgenommen werden. Dabei können die Kinder den Aufbau der Hand mit den fünf Fingern und der Handfläche kennenlernen.

Das brauchen Sie

- **ca. 150 g Trockenton pro Kind**
- **1 Nudelholz**
- **1 kleines Messer**

VORBEREITUNG

Stellen Sie die benötigten Materialien bereit und treffen Sie sich mit den Kindern am Tisch.

DURCHFÜHRUNG

Jedes Kind bekommt eine Portion Trockenton und rollt diesen aus, bis er ca. 2 cm dick ist. Nun drücken die Kinder mit ihrer flachen Hand so fest wie möglich auf den Ton und schreiben mit dem Messer alleine oder mit Ihrer Hilfe vorsichtig ihren Namen unter den Abdruck. Anschließend wird dieser für 24 Stunden zum Trocknen sicher zur Seite gelegt.
Gemeinsam mit den Kindern können Sie sich am nächsten Tag die getrockneten Handabdrücke anschauen. Welcher Abdruck ist der größte/kleinste? Was für Unterschiede lassen sich noch entdecken? Erkennen die Kinder Fingerabdrücke oder Linien im Ton? Wie viele Finger können sie zählen?

TIPP Rollen Sie ggf. bei jüngeren Kindern den Trockenton vorher aus und schneiden Sie handflächengroße Stücke aus dem ausgerollten Material aus.

FUSSABDRÜCKE

Alter ab 2 Jahren

Anzahl der Kinder 2–6 Kinder

Das lernen die Kinder Die Kinder machen Fußabw drücke mit Fingerfarbe und können dabei ihre Fußform erkennen. Durch das Vergleichen mit den anderen Kindern können sie sehen, wer breitere oder schmalere, größere oder kleinere Füße hat.

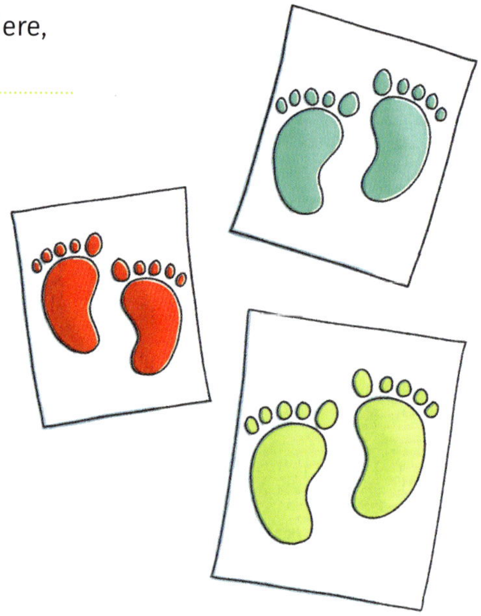

Das brauchen Sie

- **1 Blatt Papier pro Kind**
- **Fingerfarben in unterschiedlichen Farben**
- **Pinsel**
- **Wasser in einem Becher**
- **feuchte Waschlappen**
- **Handtücher**

VORBEREITUNG

Stellen Sie die benötigten Materialien bereit und finden Sie sich mit den Kindern zusammen.

DURCHFÜHRUNG

Die Kinder ziehen ihre Schuhe und Socken aus. Schauen Sie sich mit den Kindern die Füße einmal genau an. Zählen Sie mit ihnen die Zehen und überlegen Sie gemeinsam, was die Füße alles können. Möglich Beispiele könnten sein: gehen, laufen, stampfen, trampeln, auf Zehenspitzen gehen, auf den Fersen gehen, wie eine Ente watscheln.

Geben Sie jedem Kind ein Blatt Papier. Die Kinder bemalen sich nun einen Fuß mit Fingerfarben und stellen sich danach auf ihr Blatt Papier. Anschließend werden die Fußabdrücke zum Trocknen weggelegt und die Füße mithilfe von feuchten Waschlappen sauber gemacht und gut getrocknet, bevor die Socken und Schuhe wieder angezogen werden. Gemeinsam mit den Kindern können Sie dann die getrockneten Fußbilder anschauen. Welcher Abdruck ist der größte/kleinste? Wer hat schmalere und wer breitere Füße? Was für Unterschiede lassen sich noch entdecken? Wie viele Zehen können die Kinder zählen?

MALEN MIT FÜSSEN

Alter ab 3 Jahren

Anzahl der Kinder 2–6 Kinder

Das lernen die Kinder Nicht nur mit den Händen, sondern auch mit den Füßen kann man malen. Durch das ständige Tragen von Schuhen entwickelt sich die Motorik der Füße allerdings meist nicht so gut. Dabei können unsere Füße sehr flexibel sein. Zeit, das auszutesten …

Das brauchen Sie

- **1 DIN A3-Blatt pro Kind**
- **Buntstifte**
- **Wachsmalstifte**
- **ggf. Wasser und Handtücher**

VORBEREITUNG

Stellen Sie die benötigten Materialien bereit und treffen Sie sich mit den Kindern im Kreis.

DURCHFÜHRUNG

Bitten Sie die Kinder, ihre Schuhe und Socken auszuziehen, und waschen Sie gemeinsam die Füße.

Überlegen Sie nun mit den Kindern, was die Füße alles können. Erzählen Sie den Kindern, dass Menschen, die ohne Hände geboren werden oder diese durch andere Umstände verlieren, viele Aufgaben mit ihren Füßen meistern können. Was für Ideen haben die Kinder, was man mit Füßen alles machen kann?

Geben Sie anschließend jedem Kind ein DIN A3-Blatt und Stifte und lassen Sie die Kinder probieren, mit den Füßen ein Bild zu malen. Vielleicht können es manche Kinder besonders gut? Gibt es eine Technik, die besser funktioniert als eine andere?

RICHTIGE SCHUHGRÖSSE

Alter ab 2 Jahren

Anzahl der Kinder 2–6 Kinder

Das lernen die Kinder Die Füße können bis zum 16. Lebensjahr wachsen und werden unterschiedlich groß. Das hängt unter anderem mit dem Alter und dem Geschlecht zusammen. Wichtig für die Entwicklung der Füße ist es, dass Kinder passende Schuhe tragen und diese nicht zu klein sind. Kennen die Kinder denn bereits ihre Schuhgröße?

Das brauchen Sie

- **unterschiedliche Fußmessgeräte**
- **1 dickeres Blatt Papier pro Kind**
- **Stifte**
- **1 Schere pro Kind**

TIPP Fragen Sie im Schuhladen nach, ob Sie sich Schuhmessgeräte ausleihen dürfen. Sollten Sie keine Messgeräte bekommen haben, lässt sich die Schuhgröße natürlich auch anhand des Fußumfangs ermitteln. Hierzu den Fuß auf ein Blatt Papier stellen und mit einem Stift nachfahren. Nachdem Sie den Umfang mit einem Lineal nachgemessen haben, können Sie im Internet nachschauen, welcher Schuhgröße dieser entspricht.

VORBEREITUNG

Stellen Sie die unterschiedlichen Messgeräte sowie Papier und Stifte bereit.

DURCHFÜHRUNG

Schauen Sie sich mit den Kindern die unterschiedlichen Messgeräte an. Bitten Sie die Kinder, ihre Schuhe und Socken auszuziehen. Messen Sie gemeinsam die Füße der Kinder einzeln nach.

Geben Sie jedem Kind ein dickeres Blatt Papier, auf das sich diese jeweils stellen. Nun können entweder Sie oder die Kinder gegenseitig einen Umriss um die Füße malen, der anschließend ausgeschnitten wird. Jetzt können die Kinder ihren Fußumriss in ihre Schuhe legen und prüfen, ob dieser bequem hineinpasst.

BLUMENBILD MIT FINGERABDRÜCKEN

Alter ab 3 Jahren

Anzahl der Kinder 2–6 Kinder

Das lernen die Kinder Die Kinder dürfen mit ihren Fingerabdrücken ein Bild gestalten. Dabei lernen sie nicht nur die Form ihrer Finger genauer kennen, sondern trainieren auch ihre Motorik.

Das brauchen Sie

- **1 Blatt Papier pro Kind**
- **Fingerfarbe in unterschiedlichen Farben**
- **1 Pinsel pro Farbe**
- **1 Waschlappen pro Kind**
- **1 schwarzer oder grüner Filzstift pro Kind**

VORBEREITUNG

Stellen Sie die benötigten Materialien bereit und treffen Sie sich mit den Kindern an einem Tisch.

TIPP Malen Sie bei jüngeren Kindern die Stängel der Blume ggf. schon vor.

DURCHFÜHRUNG

Die Kinder malen mit dem Filzstift die Stängel der Blume auf ihr Blatt Papier. Mithilfe eines Pinsels malen sich die Kinder die Fingerfarbe auf einen beliebigen Finger. Anschließend können sie mit den Fingern Abdrücke um die Stängel herum stempeln und damit eine bunte Blume gestalten.

FINGERABDRÜCKE SICHTBAR MACHEN

Alter ab 3 Jahren

Anzahl der Kinder 2–6 Kinder

Das lernen die Kinder Die Kinder erfahren, wie man Fingerabdrücke sichtbar machen kann. Jeder Fingerabdruck ist einmalig auf der Welt und unterscheidet sich von allen anderen Fingerabdrücken. Diese Aktion zeigt den Kindern die Wichtigkeit dieses Körpermerkmals auf.

Das brauchen Sie

- **1 durchsichtiges Glas pro Kind**
- **1 TL Talkumpuder aus der Apotheke pro Kind**
- **1 sauberer Pinsel pro Kind**
- **durchsichtiges Klebeband**
- **schwarzen Fotokarton**

VORBEREITUNG

Stellen Sie die benötigten Materialien bereit.

DURCHFÜHRUNG

Die Kinder bekommen von Ihnen jeweils ein durchsichtiges Glas und drücken einen ihrer Finger kräftig auf die Außenfläche. Anschließend stäuben die Kinder vorsichtig mit dem Pinsel etwas von dem Talkumpuder auf den Abdruck. Das überschüssige Puder wird vorsichtig weggepustet, sodass nur eine dünne weiße Schicht zurückbleibt.

Mit einem sauberen Pinsel wird noch mal ganz vorsichtig über den Fingerabdruck gegangen, bis er gut zu erkennen ist. Auf diesen Abdruck kleben die Kinder ein Stück vom durchsichtigen Klebeband und drücken es fest.

Das Puder bleibt nun an dem Klebeband kleben und bildet den Abdruck daher nach. Diesen Klebestreifen kleben die Kinder anschließend auf schwarzen Fotokarton. So kann er gut betrachtet werden.

Erklären Sie den Kindern, dass jeder Fingerabdruck einmalig auf der Welt ist und auch eineiige Zwillinge nicht die gleichen Abdrücke haben. Lassen Sie die Kinder nun ihre Fingerabdrücke untereinander vergleichen. Welche Unterschiede können die Kinder erkennen? Und welche Gemeinsamkeiten sind zu finden?

LAUFSPIEL: KÖRPERTEILE FANGEN

Alter ab 3 Jahren

Anzahl der Kinder 4–10 Kinder

Das lernen die Kinder Die Körperteile einzeln zu benennen und zu lokalisieren. Neben dem Wissen um die Körperteile ist auch das Körperbewusstsein gefragt, um diese genannten Körperteile auch berühren zu können.

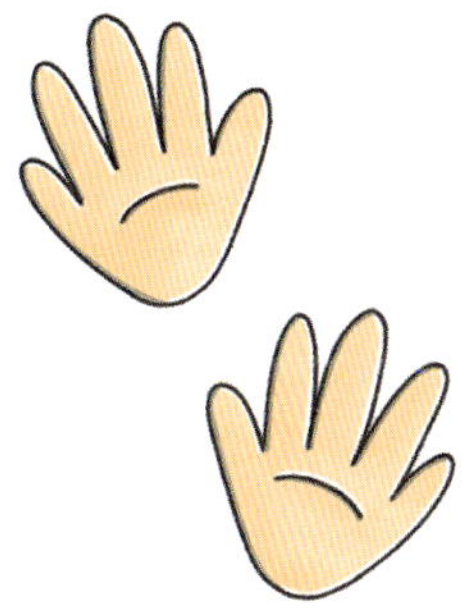

Das brauchen Sie

- **Mannschaftsbänder, um Fänger zu markieren**

VORBEREITUNG

Stellen Sie die benötigten Materialien bereit und treffen Sie sich mit den Kindern im Turnraum.

DURCHFÜHRUNG

Bestimmen Sie ein Kind als Fänger und geben Sie dem Kind ein Mannschaftsband zur Markierung. Die Aufgabe des Fängers ist, die anderen Kinder, die im Raum umherlaufen, zu fangen. Das jeweils gefangene Kind benennt das vom Fänger berührte Körperteil und muss dieses mit einer Hand festhalten. Dabei wird das Kinder selbst zum Fänger und unterstützt den ersten Fänger. Zur Markierung bekommt es ebenfalls ein Mannschaftsband. Mit der freien Hand versucht das Kind nun, die übrigen Kinder zu fangen. Das Spiel endet, wenn alle Kinder gefangen wurden.

BEWEGUNGSGESCHICHTE „KÖRPERTEILE“

Alter ab 3 Jahren

Anzahl der Kinder 2–10 Kinder

Das lernen die Kinder Die Begriffe für die Körperteile zu benennen und diese an ihrem eigenen Körper wahrzunehmen. Dieses Körperwissen ist wichtig für die Entwicklung einer positiven Körpereinstellung.

VORBEREITUNG

Treffen Sie sich mit den Kindern in einem Kreis.

DURCHFÜHRUNG

Lesen Sie die Bewegungsgeschichte vor. Dabei berühren die Kinder die jeweils genannten Körperteile oder machen die passenden Bewegungen mit den Körperteilen nach.

Bewegungsgeschichte „Körperteile“
Heute Morgen bin ich schon ganz früh wach geworden. Ich öffne langsam meine **Augen** und reibe mir den Schlaf aus ihnen. Langsam setze ich mich auf meinen **Popo** und strecke erst meinen **linken Arm** und dann meinen **rechten Arm** nach oben. Auf **Zehenspitzen** gehe ich ins Schlafzimmer meiner Eltern, um zu sehen, ob sie schon aufgestanden sind. Ich klettere über die Bettkante und schwinge erst mein **rechtes Bein** und dann mein **linkes Bein** hoch. Ich kuschele mich zwischen meine Eltern. Leider geht schon kurz danach der Wecker und wir müssen alle aufstehen. Also wieder auf den **Popo** setzen und den **linken Arm** und den **rechten Arm** strecken, um wach zu werden. Dann gleite ich erst mit dem **rechten Bein** und dann mit dem **linken Bein** von der Bettkante runter.

Ich gehe ins Bad und schaue mein **Gesicht** im Spiegel an, bevor ich es mit Wasser gründlich wasche. Dann putze ich meine **Zähne** und bürste meine **Haare**. Auch meine **Ohren** und meinen **Hals** wasche ich mit einem Waschlappen gründlich.
Dann kann ich die Treppen runtergehen. Mein **Bauch** ist schon ganz laut am Knurren. Das kann ich mit meinen **Ohren** schon ziemlich laut hören. Abwechselnd gehe ich die Treppenstufen hinunter. Erst setze ich den **rechten Fuß**, dann den **linken Fuß**. Auf dem Weg riecht es schon nach dem Kaffee meiner Eltern, den ich mit der **Nase** wahrnehmen kann. In der Küche angekommen, gehe ich zum Kühlschrank und hole mit der **linken Hand** die Milch raus. Mit der **rechten Hand** trage ich meine Müslischüssel zum Tisch. Dort steht schon das Müsli bereit und ich fülle es mir in die Schüssel.

Mama macht mir schon meine Brotdose für den Kindergarten fertig. Ich kann diese anschließend mit der **rechten Hand** in meinen Rucksack packen. Dabei ziehe ich mit der **linken Hand** den Reißverschluss vom Rucksack zu.

Ich ziehe mir meine Schuhe und Jacke selbst an. Dafür setze ich mich auf meinen **Popo** und streife mir erst den rechten Schuh über den **rechten Fuß** an. Dazu muss ich mein **rechtes Knie** beugen. Dann streife ich meinen linken Schuh über meinem **linken Fuß** und beuge dafür mein **linkes Knie**. Meine Jacke ziehe ich mir zuerst über meinen **linken Arm** und meine **linke Schulter** und anschließend über meinen **rechten Arm** und die **rechte Schulter**. Den Rucksack setze ich mir auf meinen **Rücken**. So kann ich jetzt gut zum Kindergarten gehen.

ENTSPANNUNGSGESCHICHTE „KÖRPERREISE"

Alter ab 4 Jahren

Anzahl der Kinder 2–8 Kinder

Das lernen die Kinder Die Kinder fühlen einmal ganz bewusst in ihren Körper hinein und machen eine entspannende Körperreise, die ihnen die eigenen Körperteile näherbringt und bewusster macht.

Das brauchen Sie

- 1 Gymnastikmatte pro Kind

VORBEREITUNG

Legen Sie für jedes Kind eine Gymnastikmatte bereit und treffen Sie sich mit den Kindern.

DURCHFÜHRUNG

Jedes Kind legt sich mit dem Rücken ausgestreckt auf eine Matte. Die Arme liegen seitlich neben dem Körper. Erklären Sie den Kindern, dass Sie gleich eine Entspannungsgeschichte vorlesen und sie dabei ganz still liegen dürfen. Dabei sollen die Kinder die genannten Körperteile ganz bewusst spüren. Lesen Sie den Text langsam vor und bauen Sie zwischendurch kleine Pausen von einigen Sekunden ein.

Entspannungsgeschichte „Körperreise"

Lege dich auf den Rücken und schließe deine Augen. Die Arme liegen bequem neben deinem Körper. Atme langsam ein und aus.

Stell dir vor, auf deiner rechten Hand sitzt ein Zwerg, der sich deinen Körper genau anschauen möchte. Der Zwerg wandert weiter über deinen Unterarm, das Ellenbogengelenk bis hin zu deiner rechten Schulter. Spürst du, wie er mit seinen kleinen Füßen sanft dort entlangläuft? Er geht weiter zu deiner linken Hand und von dort über den linken Unterarm zum Oberarm bis zur linken Schulter.
Dann läuft der Zwerg weiter zu deinem rechten Fuß und wandert über den Unterschenkel, das Knie und den Oberschenkel bis zu deinem Bauch. Und vom linken Fuß geht er über den linken Unterschenkel, das Knie und den Oberschenkel erneut bis zu deinem Bauch.
Am Bauch angekommen, wandert der Zwerg über deine Brust und den Hals bis zu deinem Gesicht.
Im Gesicht startet der Zwerg am Kinn und läuft über deinen Mund, die Nase, die Augen, die Augenbrauen und die Stirn bis zu deinen Ohren und Haaren. Oben in deinen Haaren angekommen ist der Zwerg so müde, dass er sich jetzt erst einmal ausruhen muss.
Öffne langsam deine Augen. Recke und strecke dich und schau nach, ob der Zwerg noch in deinen Haaren sitzt.

MUSIK-STOPP-SPIEL MIT KÖRPERTEILEN

Alter ab 3 Jahren

Anzahl der Kinder 3–10 Kinder

Das lernen die Kinder Die Körperteile zu benennen und passende Bewegungen dazu auszuführen. Neben dem Körperwissen können die Kinder ihren Körper in Bewegung wahrnehmen.

Das brauchen Sie

- **CD-Player**
- **CD mit Bewegungsmusik**

VORBEREITUNG

Stellen Sie den CD-Player bereit und treffen Sie sich mit den Kindern im Turnraum. Erklären Sie ihnen die unterschiedlichen Bewegungsformen und machen diese vor.

DURCHFÜHRUNG

Die Kinder laufen nun während die Musik spielt durch den Raum. Dabei können die Kinder unterschiedliche Bewegungsformen wie Laufen, Hüpfen, Rennen, Schleichen, Krabbeln,

Rückwärts- oder Seitwärtslaufen ausprobieren. Stoppen Sie die Musik und rufen Sie einen der folgenden Begriffe:

Kopf = Die Kinder fassen sich mit beiden Händen an den Kopf und drehen sich auf der Stelle.
Arme = Die Kinder drehen die Arme wie eine Windmühle nach vorne.
Bauch = Die Kinder fassen sich mit den Händen in die Seiten und drehen ihren Bauch wie beim Hula-Hoop-Tanzen.
Beine = Die Kinder hüpfen abwechselnd von einem Bein auf das andere.
Nase = Die Kinder fassen sich an die Nase und bleiben ganz still stehen.

ENTSPANNUNGSÜBUNG: KÖRPERTEILE BENENNEN

Alter ab 3 Jahren

Anzahl der Kinder 2–10 Kinder

Das lernen die Kinder Die Kinder können ihre Körperteile benennen und spüren diese bewusst nach. So können sie während der Übung die Körpergrenzen bewusst wahrnehmen.

Das brauchen Sie

- **1 Gymnastikmatte pro Paar**
- **1 Sandsäckchen pro Paar**

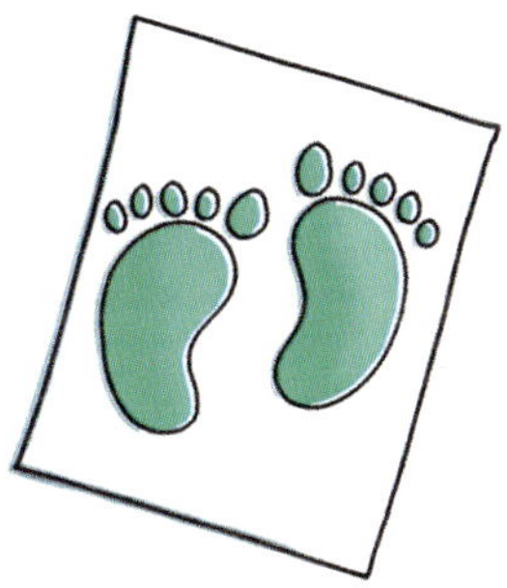

VORBEREITUNG

Legen Sie mit den Kindern die Matten im Kreis aus.

DURCHFÜHRUNG

Die Kinder finden sich zu zweit zusammen und setzen sich zusammen auf eine Gymnastikmatte. Geben Sie nun einem der Kinder ein Sandsäckchen. Das andere Kind legt sich auf die Gymnastikmatte und schließt die Augen. Dabei darf das Kind selbst entscheiden, ob es sich auf den Bauch oder den Rücken legen möchte.
Das Kind mit dem Sandsäckchen legt dieses vorsichtig auf ein Körperteil des Partners. Dieser benennt, ohne die Augen zu öffnen, das betreffende Körperteil. Wenn dieses richtig benannt wurde, wird das Sandsäckchen auf das nächste Körperteil gelegt. Nach ca. 3 Minuten wechseln die Kinder ihre Rollen.

KÖRPERWAHRNEHMUNG: BILDHAUER

Alter ab 3 Jahren

Anzahl der Kinder 4–10 Kinder

Das lernen die Kinder Die Kinder spüren ihre Körperteile und können diese beim Partner vorsichtig bewegen. Das Körpergefühl wird spielerisch geschult und der vorsichtige Umgang mit dem Partner fördert das Körperbewusstsein.

VORBEREITUNG

Finden Sie sich mit den Kindern zusammen.

DURCHFÜHRUNG

Die Kinder gehen immer zu zweit zusammen. Ein Kind ist der Bildhauer, das andere Kind die Statue. Die Statue stellt sich zunächst aufrecht hin. Der Bildhauer beginnt seine Statue zu bearbeiten, indem er vorsichtig die Körperteile in die gewünschte Position bringt. Dafür packt er den Partner vorsichtig an und schiebt oder zieht diesen sanft in die gewünschte Position. Die Statue versucht sich auf die sanften Bewegungen einzulassen und den Rest des Körpers ruhig zu halten. Anschließend werden die Rollen getauscht.

VARIANTE

Der Bildhauer benennt die Körperteile seiner Statue, während er an „dieser" arbeitet.

DIE FÜNF FINGER – EIN FINGERSPIEL

Alter ab 2 Jahren

Anzahl der Kinder 2–12 Kinder

Das lernen die Kinder Die Kinder entdecken die einzelnen Finger und lernen diese zu benennen. Dabei werden die Finger isoliert betrachtet und gezielt wahrgenommen. Die unterschiedlichen Farben auf den einzelnen Fingern verstärken diesen Effekt.

Das brauchen Sie

- **Fingerfarben in Gelb, Grau, Blau, Weiß, Rot**
- **Wasser**
- **Waschlappen**

VORBEREITUNG

Stellen Sie die Fingerfarben und das Wasser mit dem Waschlappen bereit. Malen Sie die Fingerkuppen einer ihrer Hände mit den passenden Fingerfarben (siehe unten) an.

DURCHFÜHRUNG

Treffen Sie sich mit den Kindern in einem Sitzkreis. Fragen Sie die Kinder nach ihren Fingern. Welche Finger können die Kinder schon benennen?
Malen Sie die Fingerkuppen einer Hand der Kinder jeweils wie folgt an und führen Sie gemeinsam mit den Kindern das Fingerspiel durch:

Daumen: gelbe Fingerfarbe
Zeigefinger: graue Fingerfarbe
Mittelfinger: blaue Fingerfarbe
Ringfinger: weiße Fingerfarbe
Kleiner Finger: rote Fingerfarbe

Fingerspiel „Die fünf Finger“

Das ist der Daumen, der sagt: „Ich bin gelb wie die Sonne!“
Das ist der Zeigefinger, der sagt: „Ich bin grau wie die Tonne!“
Das ist der Mittelfinger, der sagt: „Ich bin blau wie der See!“
Das ist der Ringfinger, der sagt: „Ich bin weiß wie Schnee!“
Das ist der kleine Finger, der sagt: „Ich bin rot wie der Mund!“
Alle Finger sagen: „Wir sind zusammen kunterbunt!“

SPIEGLEIN, SPIEGLEIN AN DER WAND – GRIMASSEN NACHMACHEN

Alter ab 3 Jahren

Anzahl der Kinder 2–14 Kinder

Das lernen die Kinder Die Kinder können Grimassen schneiden und spüren so die Beweglichkeit der Muskeln im Gesicht. Damit können einzelne Bereiche im Gesicht bewusst wahrgenommen werden.

VORBEREITUNG

Finden Sie sich mit den Kindern in einem Sitzkreis zusammen.

DURCHFÜHRUNG

Wählen Sie ein Kind aus, das beginnen darf. Das Kind wird zum Spiegel und darf nun Grimassen schneiden. Alle anderen versuchen, diese Grimassen wie in einem Spiegelbild nachzuahmen, ohne dabei zu lachen. Wer als Erstes anfängt zu lachen, wird der neue Spiegel und darf nun die Grimassen vormachen.

KÖRPERTEILE ERTASTEN

Alter ab 3 Jahren

Anzahl der Kinder 4–10 Kinder

Das lernen die Kinder Die Kinder spüren die Körperteile der anderen Kinder durch eine Decke und können diese benennen. Dabei werden die Körpergrenzen sowohl vom liegenden als auch vom fühlenden Kind bewusst wahrgenommen.

Das brauchen Sie

- **1 Gymnastikmatte**
- **1 dünne Decke**

VORBEREITUNG

Legen Sie die Gymnastikmatte in die Mitte und die dünne Decke auf die Gymnastikmatte.

DURCHFÜHRUNG

Die Kinder setzen sich um die Gymnastikmatte herum. Wählen Sie ein freiwilliges Kind aus. Dieses darf sich auf die Gymnastikmatte unter die dünne Decke legen. Die anderen Kinder dürfen der Reihe nach ein Körperteil über der Decke ertasten und erraten, welches Körperteil sie erfühlt haben.

UNSERE KNOCHEN UND MUSKELN HALTEN UNS

Unsere Knochen sind die Stützelemente des Körpers. Wir benötigen Gelenke, damit wir uns mit unseren starken, festen Knochen gut bewegen können. Und unsere Muskeln halten unsere Knochen im Gleichgewicht. Da wir nicht in unsere Körper hineinschauen können, müssen wir auf Modelle und Bilder zurückgreifen.
In diesem Kapitel gehen die Kinder den unterschiedlichen Knochen, Gelenken und Muskeln unseres Körpers auf die Spur. Dabei werden besonders die unterschiedlichen Funktionen gezielt angeschaut. Die Kinder lernen mit Bastelangeboten und praktischen Spielideen die Funktionen spielerisch kennen. Dadurch bekommen sie eine bessere Vorstellungskraft, was unter ihrer Haut steckt.

SKELETT AUS WATTESTÄBCHEN

Alter ab 4 Jahren

Anzahl der Kinder 2–6 Kinder

Das lernen die Kinder Den Aufbau des Skeletts, das gerade für Kinder besonders interessant ist. Da sie es nicht ohne Hilfsmittel an sich selber sehen können, brauchen sie Hilfsmittel, um sich das Skelett besser vorstellen zu können.

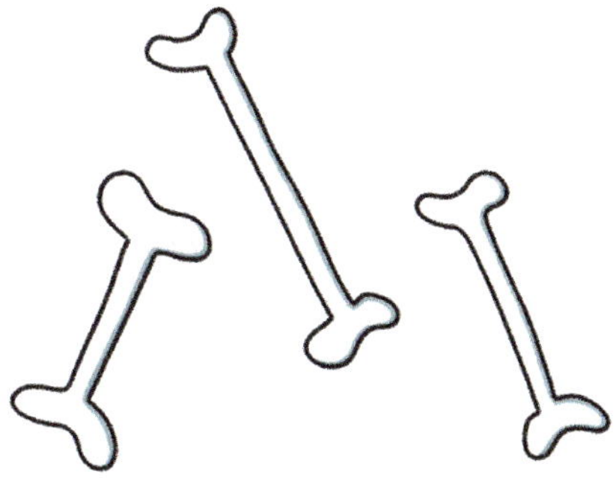

Das brauchen Sie

- **Kopiervorlage „Skelettmodell" für jedes Kind (siehe Anhang)**
- **20–25 Wattestäbchen pro Kind**
- **1 Schere pro Kind**
- **flüssigen Kleber für jedes Kind**
- **1 weißes DIN-A4-Blatt pro Kind**
- **1 Stück schwarzer Fotokarton pro Kind**

VORBEREITUNG

Kopieren Sie die Vorlage „Skelettmodell" für jedes Kind (siehe Anhang) und stellen Sie die benötigten Materialien bereit.

DURCHFÜHRUNG

Zeigen Sie den Kindern das Skelettmodell. Überlegen Sie gemeinsam mit den Kindern, wo und welche Knochen Sie sehen können.
Bitten Sie die Kinder anschließend, ein eigenes Skelett aus Wattestäbchen zu kleben.
Dafür geben Sie jedem Kind 20–25 Wattestäbchen, eine Schere, Kleber, weißes Papier und schwarzen Tonkarton sowie eine Kopiervorlage zum Nachschauen.
Die Kinder schneiden aus dem weißen Papier einen Schädel und ein Becken.
Aus den Wattestäbchen dürfen die Kinder nach Belieben die Knochen gestalten. Die Knochen sowie den Schädel und das Becken können die Kinder mithilfe des flüssigen Klebers auf den schwarzen Fotokarton kleben.

TIPP Kaufen Sie Wattestäbchen in Weiß und aus Papier. Diese lassen sich besser auf den Fotokarton kleben.

KNOCHEN AUS SALZTEIG

Alter ab 5 Jahren

Anzahl der Kinder 2–6 Kinder

Das lernen die Kinder In unserem Körper gibt es viele unterschiedliche Knochenformen. In diesem Angebot lernen die Kinder lange und kurze Knochenformen kennen und bauen diese aus Salzteig selbst nach.

Das brauchen Sie

- **2 Tassen Mehl**
- **1 Tasse Salz**
- **1 Tasse Wasser**
- **1 EL Öl**
- **1 Schüssel**
- **Kopiervorlage „Lange, kurze und flache Knochenformen"**

VORBEREITUNG

Kopieren Sie die Kopiervorlage „Lange, kurze und flache Knochenformen" (siehe Anhang). Stellen Sie die benötigten Materialien bereit.

DURCHFÜHRUNG

Bereiten Sie mit den Kindern den Salzteig vor. Dafür Mehl, Salz, Wasser und Öl in eine Schüssel geben und gut durchkneten.
Zeigen Sie den Kindern die Kopiervorlage der Knochenformen.
Sprechen Sie mit den Kindern über die Unterschiede der Knochen.
Bitten Sie die Kinder nun, aus Salzteig Knochen zu formen. Anschließend müssen die Knochen 24 Stunden an einem trockenen Ort gut durchtrocknen.
Überlegen Sie nachfolgend mit den Kindern, wo die selbst geformten Knochen im Körper zu finden sein könnten.

GUMMIHAND MIT SAND UND KNOCHEN

Alter ab 3 Jahren

Anzahl der Kinder 2–6 Kinder

Das lernen die Kinder Unsere Hand ist ein Meisterwerk der Schöpfung. So viele kleine Knochen, Gelenke, Muskeln und Sehnen, die uns feinmotorische Möglichkeiten bieten. In diesem Angebot lernen die Kinder den vereinfachten Aufbau der Hand und ihre Knochen kennen.

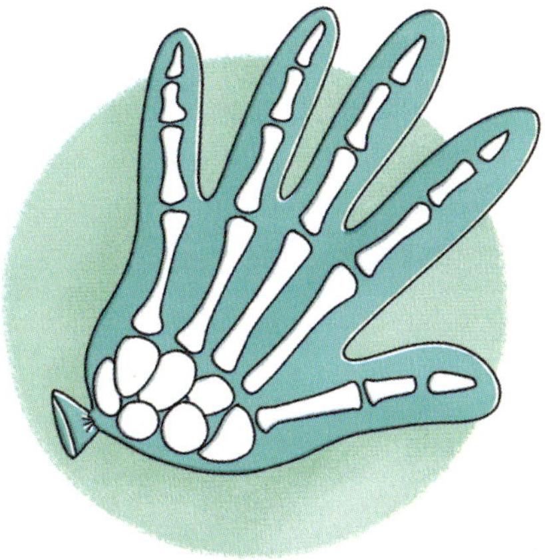

Das brauchen Sie

- **1 Gummihandschuh pro Kind**
- **1 Gummiband pro Kind**
- **1 kleine Schaufel pro Kind**
- **400 g Sand pro Kind**
- **1 große Schüssel**
- **Kopiervorlage „Knochenaufbau der Hand"**
- **1 wasserfester Stift pro Kind**

VORBEREITUNG

Kopieren Sie die Vorlage „Knochenaufbau der Hand" (siehe Anhang). Füllen Sie Sand in eine große Schüssel. Stellen Sie die benötigten Materialien bereit.

DURCHFÜHRUNG

Geben Sie jedem Kind einen Gummihandschuh. Nun können die Kinder den Gummihandschuh mithilfe einer kleinen Schaufel mit Sand befüllen. Wenn die Hand gut gefüllt ist, kann diese oben mit einem Gummiband verschlossen werden.

Überlegen Sie gemeinsam mit den Kindern, was die nachgebaute Hand im Vergleich zur eigenen Hand kann bzw. nicht kann. Lassen Sie die Kinder die genannten Möglichkeiten ausprobieren.

Zeigen Sie den Kindern die Vorlage „Knochenaufbau der Hand". Erklären Sie den Kindern, dass unsere Hände aus vielen kleinen Knochen bestehen, die die gute Motorik ermöglichen.

Geben Sie jedem Kind einen wasserfesten Stift und bitten Sie die Kinder, der mit Sand gefüllten Hand die Knochen aufzumalen.

GEBEUGTER UND GESTRECKTER ARM

Alter ab 4 Jahren

Anzahl der Kinder 2–6 Kinder

Das lernen die Kinder Die Kinder lernen den Aufbau ihres Arms kennen und fertigen selbst ein Modell davon an, damit sie eine bessere Vorstellung bekommen, was unter ihrer Haut steckt.

Das brauchen Sie

- **etwas Tonkarton pro Kind**
- **1 Bleistift pro Kind**
- **1 Schere pro Kind**
- **2 Musterklammern pro Kind**

VORBEREITUNG

Stellen Sie die benötigten Materialien bereit und finden Sie sich mit den Kindern zusammen.

DURCHFÜHRUNG

Überlegen Sie gemeinsam mit den Kindern, woraus ihr gesamter Arm besteht: der Hand, dem Unterarm und dem Oberarm. Diese sind miteinander verbunden. Erklären Sie den Kindern, dass heute jeder einen eigenen Arm nachbauen kann.

Dafür bekommt jedes Kind etwas Tonkarton, einen Bleistift sowie eine Schere. Die Kinder legen zuerst eine Hand auf den Tonkarton und zeichnen mit dem Bleistift den Umriss nach. Anschließend wird die Hand ausgeschnitten. Aus Tonkarton werden noch der Unterarm und der Oberarm (hierbei können sich die Kinder am besten gegenseitig helfen) aufgemalt und ausgeschnitten. Die fertigen Teile werden jeweils mit einer Musterklammer miteinander verbunden.

Die Kinder können jetzt mit ihrem eigenen Modell den Arm beugen und strecken.

KUGELGELENK

Alter ab 4 Jahren

Anzahl der Kinder 2–6 Kinder

Das lernen die Kinder Damit unsere Knochen gut zusammenarbeiten können, brauchen sie neben den Muskeln und Sehnen Gelenke. Die Gelenke sorgen dafür, dass wir viele Bewegungen überhaupt erst ausführen können. Im Folgenden lernen die Kinder das Kugelgelenk besser kennen.

Das brauchen Sie

- **2 Pappröhren vom Küchenpapier**
- **2 Tennisbälle**
- **Haushaltsgummibänder**
- **Klebeband**
- **Cutter-Messer**

VORBEREITUNG

Schneiden Sie einen Tennisball mit dem Cutter-Messer in zwei Hälften. Stellen Sie die benötigten Materialien bereit.

DURCHFÜHRUNG

Erklären Sie den Kindern, dass wir unterschiedliche Gelenke haben, damit wir uns gut bewegen können. Eine Art von Gelenk ist zum Beispiel unser Kugelgelenk in unserer Schulter oder Hüfte. Heben Sie ihren Arm und drehen Sie ihn wie eine Windmühle. Anschließend bitten Sie die Kinder, es Ihnen nachzumachen und die Arme ebenfalls zu drehen. Damit diese Bewegung funktioniert, brauchen wir ein Kugelgelenk.

Erzählen Sie den Kindern, dass Sie heute gemeinsam ein Kugelgelenk nachbauen.

Gemeinsam mit den Kindern kleben Sie den unbeschädigten Tennisball oben auf eine Papprolle. Die Papprolle symbolisiert einen Knochen und der Tennisball ein Gelenk. Den halben Tennisball (Gelenkpfanne) kleben Sie mit den Kindern auf die andere Papprröhre. Jetzt können die Kinder schon ausprobieren, wie das Gelenk und die Gelenkpfanne miteinander arbeiten. Damit das Gelenk aber in der Gelenkpfanne bleibt, benötigen wir Bänder. Gemeinsam kleben Sie mit den Kindern Haushaltsgummibänder über das Gelenk und die Gelenkpfanne in den Papprröhren, um das Gelenk zu befestigen.

SCHARNIERGELENK

Alter ab 4 Jahren

Anzahl der Kinder 2–6 Kinder

Das lernen die Kinder Neben dem Kugelgelenk finden wir in unserem Körper häufig noch Scharniergelenke. Die Kinder lernen das Scharniergelenk in diesem Angebot kennen und erfahren, wie es funktioniert.

Das brauchen Sie

- **2 Pappröhren vom Küchenpapier**
- **2 Papprollen vom Toilettenpapier**
- **Haushaltsgummibänder**
- **Klebeband**
- **Schere**

VORBEREITUNG

Stellen Sie die benötigten Materialien bereit.

DURCHFÜHRUNG

Erklären Sie den Kindern, dass es im menschlichen Körper unterschiedliche Gelenke gibt, die es uns ermöglichen, uns gut zu bewegen. Ein Gelenk ist zum Beispiel unser Scharniergelenk, das wir im Knie oder Ellenbogen finden. Strecken und beugen Sie Ihr Knie und oder Ihren Ellenbogen. Bitten Sie die Kinder, die Bewegungen nachzumachen.
Damit wir diese Klappbewegung machen können, benötigen wir Scharniergelenke. Doch wie sehen diese aus? Kleben Sie gemeinsam mit den Kindern eine Toilettenpapierrolle waagerecht auf eine Papprolle vom Küchenpapier. Die andere Toilettenpapierrolle wird waagrecht in zwei Teile geschnitten. Einen Teil kleben Sie mit der geschlossenen Seite waagerecht auf die Papprolle auf. Lassen Sie die Kinder das Modell ausprobieren. Auch hier können Sie jetzt mit den Kindern wie beim Kugelgelenk Gummibänder als Bänder über das Gelenk hinweg anbringen, um das Gelenk zu festigen und den Kindern aufzuzeigen, dass auch in unserem Körper Bänder Gelenke unterstützen.

OHNE GELENKE – EXPERIMENTE MIT PAPPE

Alter ab 4 Jahren

Anzahl der Kinder 2–6 Kinder

Das lernen die Kinder Die Kinder erfahren, wie wichtig Gelenke für unsere Bewegungsfähigkeit sind.

Das brauchen Sie

- **Pappe in unterschiedlichen Größen**
- **Klebeband**
- **Schere**

VORBEREITUNG

Stellen Sie die benötigten Materialien bereit.

DURCHFÜHRUNG

Besprechen Sie mit den Kindern, dass es uns nur dank unserer flexiblen Gelenke möglich ist, uns zu bücken, in die Knie zu gehen oder den Arm zu beugen. Die Gelenke verbinden zwei feste Knochen miteinander und sorgen so für die nötige Bewegungsfreiheit.
Doch wie würden wir uns bewegen, wenn wir keine Gelenke hätten? Das soll im Folgenden ausprobiert werden. Gemeinsam mit den Kindern bauen Sie aus der Pappe und dem Klebeband Röhren, die über die Gelenke der Kinder gestülpt werden. Gut geeignet sind dafür das Kniegelenk, das Ellenbogengelenk und das Handgelenk. Die Kinder sollen anschließend versuchen, sich mit den Pappröhren zu bewegen. Sie werden schnell feststellen, dass sie stark in ihrer Bewegung eingeschränkt sind, wenn die Gelenke nicht frei arbeiten können.

RÜCKENMODELL AUS SCHWÄMMEN UND BAUSTEINEN

Alter ab 3 Jahren

Anzahl der Kinder 2–6 Kinder

Das lernen die Kinder Unsere Wirbelsäule hält uns den ganzen Tag aufrecht und ermöglicht uns viele Bewegungen. Die Kinder lernen den Aufbau der Wirbelsäule kennen und die Bedeutung der Bandscheiben für unseren Körper. Denn ohne unsere Bandscheiben würde sich unsere Wirbelsäule nicht so gut beugen lassen.

Das brauchen Sie

- **25 Holzbausteine**
- **24 Haushaltsschwämme**

VORBEREITUNG

Stellen Sie die benötigten Materialien bereit.

DURCHFÜHRUNG

Erklären Sie den Kindern, dass es schwer wäre, die Wirbelsäule im Gleichgewicht zu halten, wenn sie gerade und steif wie ein Stock wäre. Die geschwungene Form der Wirbelsäule ermöglicht dem Körper nicht nur eine optimale Gewichtsverteilung, sondern gibt auch die nötige Stützkraft für den aufrechten Gang. Dabei kann die Form auch Stöße, wie sie z. B. beim Gehen oder Springen entstehen, abfedern. Neben den Wirbelkörpern sind unsere Bandscheiben ganz wichtig für unsere Beweglichkeit. Diese wirken bei Bewegungen wie Stoßdämpfer zwischen den einzelnen Wirbelkörpern.

Bauen Sie mit den Kindern ein Modell der Wirbelsäule aus Haushaltsschwämmen und Holzbausteinen. Abwechselnd werden dazu ein Holzbaustein und ein Haushaltsschwamm aufeinandergelegt. So wird den Kindern versinnbildlicht, wie ihre Wirbelsäule bei Bewegungen reagiert.

WIRBELSÄULENMODELL AUS PERLEN

Alter ab 3 Jahren

Anzahl der Kinder 2–5 Kinder

Das lernen die Kinder Die Kinder erfahren mehr über den Aufbau der Wirbelsäule. Dabei stehen die farbigen Holzperlen für die unterschiedlichen Wirbel. So erfahren Kinder auch, warum die Wirbelsäule mit den einzelnen Wirbeln so beweglich ist.

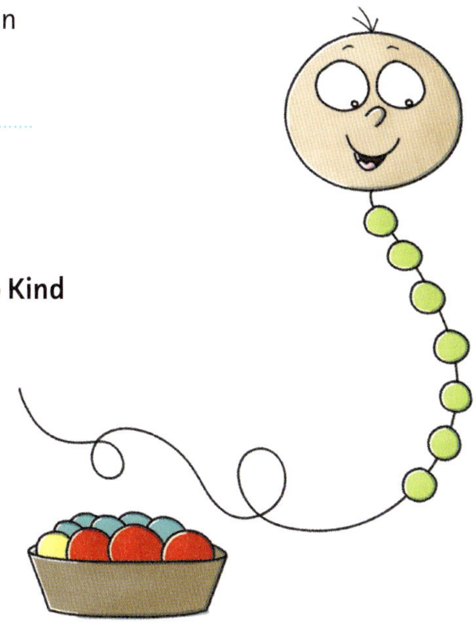

Das brauchen Sie

- **30 cm Schnur pro Kind**
- **1 sehr große Holzperle (ca. 3,5 cm Durchmesser) pro Kind**
- **7 kleine Holzperlen in einer Farbe (z. B. Grün)**
- **12 mittlere Holzperlen in einer Farbe (z. B. Rot)**
- **5 große Holzperlen in einer Farbe (z. B. Gelb)**
- **1 Wellenperle in der gleichen Farbe wie die 5 großen Holzperlen (z. B. Gelb)**
- **1 längliche Perle (z. B. in Blau)**
- **1 wasserfester Stift pro Kind**

VORBEREITUNG

Stellen Sie die benötigten Materialien bereit und finden sich mit den Kindern zusammen.

DURCHFÜHRUNG

Erklären Sie den Kindern den Aufbau der Wirbelsäule.
Unsere Wirbelsäule besteht aus 7 Halswirbeln, 12 Brustwirbeln, 5 Lendenwirbeln, Kreuzbein und Steißbein.
Die Kinder malen auf die größte Holzperle mit einem wasserfesten Stift ein Gesicht. Anschließend wird diese Holzkugel an der Schnur befestigt.
Dann fädeln die Kinder zuerst die 7 kleinen Holzperlen auf die Schnur. Diese stehen für die 7 Halswirbel. Danach fädeln sie die 12 mittleren Holzperlen als Brustwirbel auf die Schnur. Und es folgen die 5 großen Holzperlen als Lendenwirbel und die Wellenperle als Kreuzbein. Als Letztes wird die längliche Holzperle als Steißbein aufgefädelt und die Schnur wird gut verknotet. Anhand des Perlenmodells können die Kinder nun gut nachempfinden, wie sich die Wirbelsäule bewegt und warum sie so flexibel ist.

RICHTIGES HEBEN UND TRAGEN

Alter ab 3 Jahren

Anzahl der Kinder 4–10 Kinder

Das lernen die Kinder Das richtige rückenfreundliche Heben und Tragen von Gegenständen. Dabei wird der Fokus auf das Bücken und die Position des Rückens gelegt. Wenn Kinder frühzeitig lernen, wie sie richtig heben und tragen, können sie dies besser in den Alltag einbinden und bereits frühzeitig ihren Rücken schonen.

Das brauchen Sie

- **Kopiervorlage „Bildkarten zum richtigen Heben und Tragen" (siehe Anhang)**
- **10 Pappkartons in unterschiedlichen Größen**
- **4 Markierungshütchen**

VORBEREITUNG

Besorgen Sie zehn Pappkartons in unterschiedlichen Größen. Kopieren Sie die Kopiervorlage „Bildkarten zum richtigen Heben und Tragen" (siehe Anhang). Um die Karten länger haltbar zu machen, können diese ggf. laminiert werden. Stellen Sie die Materialien bereit und treffen Sie sich mit den Kindern im Kreis.

TIPP Wenn Sie nicht ausreichend Pappkartons im Kindergarten finden, können Sie diese im örtlichen Supermarkt anfragen. Diese geben Pappkartons gerne ab.

DURCHFÜHRUNG

Zeigen Sie den Kindern die Bildkarten und besprechen Sie mit ihnen, was darauf zu sehen ist. Fragen Sie die Kinder, wie sie einen Karton heben würden. Überlegen Sie mit den Kindern Möglichkeiten des Hebens und Tragens. Anschließend geben Sie jedem Kind einen Pappkarton. Die Kinder sollen sich richtig bücken, den Pappkarton heben und mit dem Karton ein paar Schritte durch den Raum gehen und den Vorgang wiederholen. Gerne können die Kinder die Pappkartons untereinander tauschen.

Pappkarton-Staffel

Teilen Sie die Kinder in zwei Gruppen auf. Stellen Sie die Markierungshütchen passend für ein Staffelspiel auf. Legen Sie zu zwei Markierungshütchen einen großen Pappkarton. An den anderen beiden Markierungshütchen stellen sich die beiden Mannschaften getrennt auf. Immer ein Kind darf laufen und den Pappkarton holen. Dabei sollen die Kinder sich richtig bücken, heben und tragen. Am Markierungshütchen zurück, übergeben sie den Pappkarton dem nächsten Mitspieler. Dieser bringt den Pappkarton zurück zum Markierungshütchen und stellt ihn wieder ab. Anschließens läuft das Kind zurück und schlägt das nächste ab, das den Pappkarton zurückholt.

FUSSSTATIONEN

Alter ab 3 Jahren

Anzahl der Kinder 2–8 Kinder

Das lernen die Kinder Die Kinder erfahren mehr über ihre Füße und probieren viele neue Bewegungsideen aus. Dabei spüren die Kinder ihre Füße einmal ganz bewusst. Sie lernen, dass die Stärkung der Fußmuskulatur durch das viele Tragen von Schuhen ganz besonders wichtig ist.

Das brauchen Sie

- **3 Gymnastikseile**
- **2 alte Handtücher**
- **2 alte Zeitungen**
- **Papierkorb**
- **2 Igelbälle**
- **2 Markierungshütchen**
- **10 Korken**

VORBEREITUNG

Stellen Sie die benötigten Materialien bereit und bauen Sie die Stationen zusammen mit einer Kollegin auf.

DURCHFÜHRUNG

Treffen Sie sich mit den Kindern in einem Sitzkreis. Fordern Sie die Kinder auf, ihre Schuhe und Socken auszuziehen.

Überlegen Sie gemeinsam mit den Kindern, was die Füße alles können. Probieren Sie dabei fol-

gende Übungen gemeinsam aus: z. B. mit den Fersen und Zehenspitzen den Boden berühren, auf Zehenspitzen gehen, mit den Zehen Klavier spielen.
Gehen Sie mit den Kindern die Fußstationen ab, erklären Sie ihnen die Aufgaben an der jeweiligen Station und weisen Sie sie darauf hin, dass alle Aufgaben nur mithilfe der Füße bewältigt werden sollen. Anschließend können die Kinder die Stationen frei ausprobieren.

STATIONEN

Formen legen

Die Kinder sollen versuchen, verschiedene Formen mit einem Gymnastikseil zu legen. Zum Beispiel einen Kreis, ein Dreieck, ein Rechteck …

Handtuchbattle

Zwei Kinder setzen sich einander gegenüber auf den Boden. In der Mitte zwischen ihnen liegen zwei Handtücher. Jedes Kind soll nun versuchen, ein Handtuch auf seine Seite zu ziehen.

Müll zerkleinern

Mithilfe ihrer Füße sollen die Kinder versuchen, eine Zeitung in kleine Stücke zu zerreißen und diese anschließend mit den Zehen zu greifen und in den bereitgestellten Papierkorb zu werfen.

Igelball-Massage

Auf dem Fußboden sitzend rollen die Kinder einen Igelball über den Boden. Nach Wunsch oder Können der Kinder können Sie hierfür auch einen kleinen Parcours aufbauen.

Korkentransport

Zwei Markierungshütchen werden einige Meter voneinander entfernt aufgestellt. Auf einer Seite liegen zehn Korken, die die Kinder nun nacheinander zum gegenüberliegenden Hütchen transportieren sollen.

MUNDMOTORIK

Alter ab 3 Jahren

Anzahl der Kinder 2–5 Kinder

Das lernen die Kinder Die Kinder probieren Mundmotorikübungen. Sie erfahren, dass sie diese Muskeln brauchen, um gut sprechen zu können, da wir nur mit einer guten Mundmuskultaur eine gute Artikulation und damit eine deutliche Aussprache erlangen.

Das brauchen Sie

- **1 kleiner Spiegel pro Kind**

VORBEREITUNG

Stellen Sie die benötigten Materialien bereit.

DURCHFÜHRUNG

Geben Sie jedem Kind einen kleinen Spiegel, damit die Kinder ihre eigenen Übungen besser beobachten können.
Führen Sie die mundmotorischen Übungen gemeinsam mit den Kindern durch.

Lippenübungen:

- geschlossene Lippen spitzen („Kussmund“)
- geschlossene Lippen breitziehen (lächeln)
- Mund spitzen wie beim „O“
- Zähne aufeinanderbeißen, offene Lippen breitziehen („Grinsemund“)
- auf die Unterlippe beißen
- auf die Oberlippe beißen
- geschlossenen Mund nach links ziehen
- geschlossenen Mund nach rechts ziehen

Zungenübungen:

- bei geöffnetem Mund die Zunge in Richtung Kinn strecken
- bei geöffnetem Mund die Zunge in Richtung Nase strecken
- bei geöffnetem Mund die Zunge zum linken Mundwinkel bewegen
- bei geöffnetem Mund die Zunge zum rechten Mundwinkel bewegen
- bei geöffnetem Mund die Zunge gerade herausstrecken

- bei leicht geöffnetem Mund mit der Zungenspitze auf die Oberlippe tippen
- bei leicht geöffnetem Mund mit der Zungenspitze auf die Unterlippe tippen
- bei geöffnetem Mund mit der Zungenspitze im Kreis die Lippen ablecken (Richtungs- und Tempowechsel)
- bei geöffnetem Mund mit der Zungenspitze im Kreis die Außenseiten der Zähne ablecken (Richtungs- und Tempowechsel)
- bei geöffnetem Mund mit der Zungenspitze die Wangentaschen oben und unten, links und rechts reinigen

ZUNGENGESCHICHTE „DIE SCHLANGE SNORRE“

Alter ab 3 Jahren

Anzahl der Kinder 2–8 Kinder

Das lernen die Kinder Die Kinder erforschen mithilfe der Geschichte mit ihren Zungen den Mundinnenraum.

VORBEREITUNG

Lesen Sie sich vorher die Zungengeschichte gut durch.

DURCHFÜHRUNG

Treffen Sie sich mit den Kindern. Lassen Sie sich von den Kindern ihre Zungen zeigen. Lesen Sie die Zungengeschichte langsam vor und machen Sie den Kindern die passenden Bewegungen deutlich vor.

Zungengeschichte „Die Schlange Snorre“

Die Schlange Snorre wohnt in einer Höhle
Zunge im geschlossenen Mund bewegen, dann das Lippenrot ablecken

und schaut vorne aus dem Eingang raus.
Zunge gerade herausstrecken ohne Lippenkontakt

Dabei sieht sie nach oben und nach unten
Zunge zur Nase bringen und nach unten Richtung Kinn

und nach rechts und links.
Zunge zum rechten und linken Mundwinkel bewegen

Ihre Zähne sind ganz wichtig und sie putzt sie außen und auch innen.
Zähne außen und innen ablecken

Sie macht sich langsam auf den Weg, um etwas zu essen zu suchen.
mit der Zunge im Zickzack langsam aus dem Mund herauskommen

Wenn sie ihre Beute gefangen hat, sind ihre Wangen ganz dick.
Wangen aufblasen

Manchmal zappelt ihre Beute nach im Mundraum.
mit der Zunge in beiden Wangen hin- und herdrücken

Anschließend ist die Schlange Snorre ganz müde und legt sich hin.
Zungenruhepunkt einnehmen

Dabei muss sie ganz doll gähnen …
den Mund ganz weit öffnen wie beim Gähnen

… und schläft dann ruhig ein.
den Mund wieder schließen

UNSEREN KÖRPER AUF HERZ UND LUNGE TESTEN

Kinder wollen wissen, wie der Körper funktioniert. Nur die äußerlichen Körperteile zu kennen, reicht da nicht aus. Was sich im Inneren des Körpers befindet, interessiert die Kinder auch. Wir können schließlich unseren Atem beobachten, den Herzschlag spüren und manchmal unseren Magen knurren hören. Da wir aber ja nicht so einfach in unseren Körper hineinschauen können, brauchen wir Experimente und Hilfsmittel, um vielen Phänomenen auf den Grund gehen zu können. Gerade durch das eigene Erfahren und Ausprobieren haben Kinder eine bessere Vorstellung vom eigenen Körper.
Im folgenden Kapitel gibt es daher zahlreiche Ideen und Anregungen, um mit den Kindern auf Entdeckungsreise durch den Körper zu gehen und die Organe und ihre unterschiedlichen Funktionen kennenzulernen.

STETHOSKOP

Alter ab 4 Jahren

Anzahl der Kinder 2–8 Kinder

Das lernen die Kinder Die Kinder lernen ihren Herzschlag kennen sowie die Atmung zu hören.

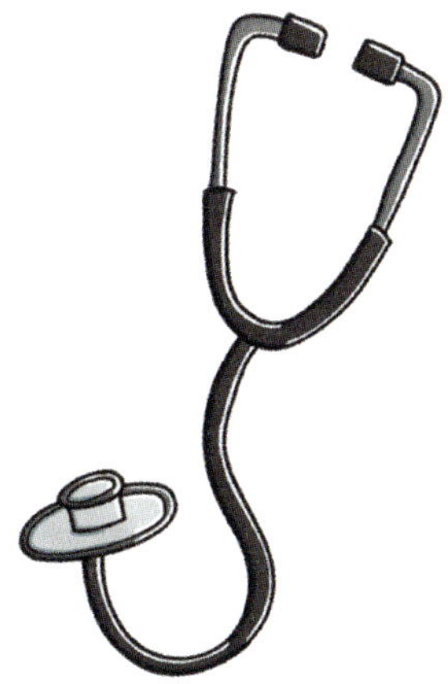

Das brauchen Sie

- **1 Stethoskop pro Kind**
- **1 Becher pro Kind**
- **Wasser**

VORBEREITUNG

Stellen Sie die benötigten Materialien bereit und treffen Sie sich mit den Kindern im Sitzkreis.

DURCHFÜHRUNG

Zeigen Sie den Kindern ein Stethoskop. Fragen Sie die Kinder, ob sie wissen, was das ist und wofür man es braucht. Erklären Sie den Kindern, dass sie mit dem Stethoskop ganz vorsichtig sein müssen, weil die Geräusche sehr laut sein können.

Geben Sie jedem Kind ein Stethoskop. Fordern Sie die Kinder auf, mit dem Stethoskop den eigenen Herzschlag zu hören. Besonders gut klappt das an der Brust, am Hals und an der Unterseite des Handgelenks. Fragen Sie die Kinder, ob sie auch ihren Atem hören können. Dafür sollen die Kinder möglichst tief ein- und ausatmen und das Stethoskop an verschiedenen Stellen am Oberkörper ansetzen.

Anschließend gehen die Kinder zu zweit zusammen. Ein Kind bekommt ein Stethoskop. Jetzt versucht das Kind mit dem Stethoskop, beim Partner den Herzschlag zu hören. Geben Sie dem Kind ohne Stethoskop einen Becher mit Wasser. Das Kind soll langsam trinken. Der Partner versucht mit dem Stethoskop, die Schluckgeräusche des Partners zu hören. Anschließend werden die Rollen getauscht.

TIPP Stethoskope können günstig in Onlineshops gekauft werden.

HERZSCHLAG IN RUHE UND BEWEGUNG

Alter ab 4 Jahren

Anzahl der Kinder 2–6 Kinder

Das lernen die Kinder Die Kinder lernen, dass ihr Herz unterschiedlich schnell schlägt, je nachdem, was sie tun und wie intensiv sie sich bewegen.

Das brauchen Sie

- **Kopiervorlage „Pulstabelle" (siehe Anhang)**
- **Stoppuhr**
- **4 Markierungshütchen**
- **CD-Player**
- **CD mit Bewegungsmusik**
- **Stift**

VORBEREITUNG

Kopieren Sie die Vorlage „Pulstabelle" (siehe Anhang). Positionieren Sie die vier Markierungshütchen zu einem möglichst großen Rechteck. Stellen Sie den CD-Player mit Bewegungsmusik bereit und treffen Sie sich mit den Kindern im Turnraum oder auf dem Außengelände.

DURCHFÜHRUNG

Erklären Sie den Kindern, dass Sie heute ihr Herz testen wollen. Denn unser Herz schlägt schneller, wenn wir uns bewegen. Zuerst messen Sie bei jedem Kind nacheinander den Herzschlag. Der Ruhepuls bei Kindern liegt bei ca. 90 bis 100 Schlägen pro Minute. Bei intensiver Bewegung kann der Puls auch über 200 Schläge pro Minute liegen.
Suchen Sie den Puls am Handgelenk des Kindes und stoppen dabei 15 Sekunden auf der Stoppuhr. Zählen Sie in den 15 Sekunden die Herzschläge und multiplizieren sie diese Zahl mit vier. Diesen Wert tragen Sie bei den Kindern in die Tabelle ein.

Nun bekommen die Kinder die Aufgabe, eine Minuten lang um das markierte Feld zu laufen. Damit die Kinder mehr Spaß dabei haben, können Sie Bewegungsmusik laufen lassen.
Nach der Minute messen Sie erneut den Puls der Kinder.
Nach einer kurzen Pause bekommen die Kinder erneut die Aufgabe, um das Rechteck zu laufen. Diesmal aber 3 Minuten lang. Anschließend wird wieder der Puls bei jedem Kind gemessen. Treffen Sie sich anschließend wieder mit den Kindern. Besprechen Sie mit ihnen die Ergebnisse der Tabelle. Wann wurden die höchsten Werte erreicht? Konnten die Kinder einen Unterschied bei ihrem Herzschlag bemerken, ihn bei Anstrengung eventuell stärker spüren?

TIPP Holen Sie sich eine Kollegin zur Hilfe, wenn Sie von jedem Kind den Puls messen wollen, oder teilen Sie die Gruppe in zwei kleine Gruppen ein, sodass immer nur 2–3 Kinder laufen und anschließend direkt den Puls gemessen bekommen.

KUSCHELTIER-ATMUNG

Alter ab 3 Jahren

Anzahl der Kinder 2–8 Kinder

Das lernen die Kinder Die Kinder können ihre eigene Atmung spüren und sogar beobachten. Dabei nehmen die Kinder ihr Atemvolumen bewusst wahr.

Das brauchen Sie

- **1 Gymnastikmatte pro Kind**
- **1 Kuscheltier pro Kind**

VORBEREITUNG

Legen Sie die Gymnastikmatten sternförmig aus. Sagen Sie den Kindern im Vorfeld, dass sie ein Kuscheltier mitbringen dürfen.

DURCHFÜHRUNG

Die Kinder legen sich mit dem Rücken auf eine Gymnastikmatte. Sie legen ihr Kuscheltier auf ihren Bauch und atmen tief ein und aus. Das Kuscheltier bewegt sich auf dem Bauch hoch und runter. Die Kinder können ihr Kuscheltier dabei beobachten oder ihre Augen schließen und fühlen, wie das Kuscheltier sich auf und ab bewegt. Warum bewegt sich das Kuscheltier? Kommen die Kinder selbst auf die Antwort?

PUSTESPIELE: ATMUNG SICHTBAR MACHEN

Alter ab 3 Jahren

Anzahl der Kinder 2–6 Kinder

Das lernen die Kinder Die Atmung geschieht automatisch und zumeist unbewusst. Durch dieses Angebot können die Kinder durch das Pusten von Pompons sehen, wie sich die Luft aus ihrem Körper gezielt bewegt.

Das brauchen Sie

- 1 Trinkhalm pro Kind
- 25 Pompons
- 1 runde Decke

VORBEREITUNG

Legen Sie die Decke auf den Boden, sodass sich alle Kinder um diese herumlegen können. Stellen Sie die Pompons und die Trinkhalme bereit und treffen Sie sich mit den Kindern an der Decke.

DURCHFÜHRUNG

Erklären Sie den Kindern, dass beim Ausatmen Luft aus unserem Körper hinausgeht und beim Einatmen Luft in unseren Körper hineinströmt. Atmen Sie mit den Kindern ganz bewusst mehrmals tief ein und aus.

Damit man die Bewegung der ausgeatmeten Luft sehen kann, legen sich die Kinder um die runde Decke auf dem Boden herum. Geben Sie jedem Kind einen Trinkhalm. Legen Sie die Pompons verteilt auf die Decke. Die Kinder sollen die Pompons von der Decke runterpusten. Wem gelingt dies besonders gut?

WER HAT DEN LÄNGEREN ATEM?

Alter ab 3 Jahren

Anzahl der Kinder 2–6 Kinder

Das lernen die Kinder Um tief einatmen zu können, müssen wir lange und bewusst ausatmen können. In diesem Experiment können die Kinder durch das Ausatmen in ein Wasserglas ihren Atem bewusst wahrnehmen und durch die Blasen im Wasser sogar sehen.

Das brauchen Sie

- **1 Trinkhalm pro Kind**
- **1 Glas mit 100 ml Wasser pro Kind**

VORBEREITUNG

Stellen Sie die benötigten Materialien bereit.

DURCHFÜHRUNG

Geben Sie jedem Kind ein Glas mit Wasser und einen Trinkhalm. Die Kinder stecken eine Hälfte des Trinkhalms in das mit Wasser halb gefüllte Glas. Die andere Hälfte des Trinkhalms stecken sie in den Mund.
Auf Ihr Startsignal hin beginnen die Kinder zu pusten. Das Wasser kommt dadurch zum Blubbern. Wer kann am längsten ohne abzusetzen pusten, sodass immer noch Blasen entstehen?

BLUT SELBER MACHEN

Alter ab 3 Jahren

Anzahl der Kinder 2–5 Kinder

Das lernen die Kinder Wie sieht Blut aus? Mit dem hier hergestellten Kunstblut können Sie mit den Kindern eine Verletzung darstellen und zeigen, wie sich schon kleinste Blutmengen verteilen. Dabei wirkt manchmal ein kleiner Löffel Blut schon sehr bedrohlich.

Das brauchen Sie

- **1 Liter Wasser**
- **Messbecher**
- **3 EL Speisestärke**
- **flüssige Lebensmittelfarbe in Rot**
- **1 Schüssel**
- **Kochtopf**
- **Herd**
- **Schneebesen**

VORBEREITUNG

Stellen Sie die benötigten Materialien bereit.

DURCHFÜHRUNG

Messen Sie mit den Kindern 100 ml Wasser in einem Messbecher ab. Die Kinder geben die Speisestärke und 100 ml kaltes Wasser in eine Schüssel. Dabei wird mit einem Schneebesen so lange gerührt, bis sich die Speisestärke aufgelöst hat.
Anschließend werden noch einmal 900 ml Wasser abgemessen. Nun können die Kinder das Wasser in den Kochtopf füllen. Erhitzen Sie das Wasser, bis es anfängt, zu sprudeln. Geben Sie gemeinsam mit den Kindern die aufgelöste Stärke hinzu und lassen sie alles zusammen ungefähr zwei Minuten weiterköcheln. Anschließend geben die Kinder die Lebensmittelfarbe in die Flüssigkeit, bis der gewünschte Farbton erreicht ist.

TIPP Wenn die Mischung zu dickflüssig ist, kann diese mit ein wenig Wasser wieder verdünnt werden.

PUPPE MIT ORGANEN

Alter ab 3 Jahren

Anzahl der Kinder 2–6 Kinder

Das lernen die Kinder Gerade die inneren Organe sind für Kinder besonders spannend. Den Herzschlag können sie zum Beispiel hören, aber wo genau sitzt das Herz und wie sieht es aus? Und wie steht es mit den anderen Organen?

Das brauchen Sie

- **1 Puppe mit Organen**

VORBEREITUNG

Legen Sie die Puppe mit Organen bereit und treffen Sie sich mit den Kindern im Kreis.

DURCHFÜHRUNG

Zeigen Sie den Kindern die geschlossene Puppe. Überlegen Sie gemeinsam mit den Kindern, was sich im Innern der Puppe befindet. Welche Organe können die Kinder schon benennen? Öffnen Sie nun den Bauchraum der Puppe. Fragen Sie die Kinder bei jedem der Organe, was sie glauben, um welches Organ es sich handelt und welche Funktion es in unserem Körper hat. Anschließend legen Sie die Organe wieder in der richtigen Reihenfolge in den Bauchraum zurück.

ENTSPANNUNGSGESCHICHTE „DIE REISE DURCH DEN KÖRPER“

Alter ab 3 Jahren

Anzahl der Kinder 2–10 Kinder

Das lernen die Kinder In einer Entspannungsgeschichte erfahren die Kinder mehr über den Weg der Nahrung durch den menschlichen Körper und bekommen ein Gefühl für die verschiedenen Stationen.

Das brauchen Sie

- **1 Gymnastikmatte pro Kind**
- **1 Glas Wasser pro Kind**

VORBEREITUNG

Legen Sie für jedes Kind eine Gymnastikmatte aus und geben Sie jedem Kind ein Glas Wasser.

DURCHFÜHRUNG

Lassen Sie die Kinder ein paar Schlucke aus ihrem Glas Wasser trinken und sich dann anschließend auf die Gymnastikmatte legen. Erklären Sie den Kindern, dass sie jetzt eine Reise durch den Körper machen. Lesen Sie den Kindern langsam die Entspannungsgeschichte vor und machen Sie zwischen den Stationen kleine Lesepausen.

Entspannungsgeschichte „Die Reise durch den Körper“

Leg dich ganz bequem hin und schließe deine Augen. Atme tief ein und aus.
Stell dir vor, du trinkst einen Schluck Wasser. Dieses Wasser rutscht zwischen den Zähnen und der Zunge im Mund hin und her. Die Zähne sind dafür zuständig, unsere Nahrung gut zu zerkauen und zu zerkleinern.
Dann rutscht das Wasser weiter durch die Speiseröhre bis in den Magen.
Im Magen ist es ziemlich laut. Dort schwimmt alles durcheinander – das Wasser, die Nahrung und die Magensäure. Der Magen zieht sich oft zusammen und wieder auseinander.
Das Wasser wird dort mit der Magensäure vermischt und gelangt durch eine enge Öffnung weiter in den Darm. Dort ist es ziemlich dunkel, so wie bei einer geschlossenen Wasserrutsche.
Das Wasser rutscht durch viele Kurven und wird vom Darm aufgesogen wie ein Schwamm.
Einen Teil davon verarbeitet der Darm, der Rest findet einen Weg durch die Nieren, bis die Flüssigkeit schließlich zur Blase kommt. Dort sammelt sich neben dem Wasser noch viel mehr Flüssigkeit. Und beim nächsten Toilettengang wird diese ausgeschieden.

EXPERIMENT: VERDAUUNG

Alter ab 4 Jahren

Anzahl der Kinder 2–6 Kinder

Das lernen die Kinder Die Kinder erfahren in einem einfachen Experiment, wie Nahrung verdaut wird. Dabei können sie den Weg der Nahrung mithilfe von gefärbtem Wasser nachvollziehen.

Das brauchen Sie

- **ca. 50 cm langer durchsichtiger Plastikschlauch**
- **1 Trichter**
- **1 Gefrierbeutel**
- **100 ml Wasser**
- **durchsichtiges Klebeband**
- **Lebensmittelfarbe in Rot und Blau**
- **1 Glas**

VORBEREITUNG

Erstellen Sie die Experimentiervorrichtung, indem Sie den Trichter oben an einem 50 cm langen durchsichtigen Schlauch mithilfe des durchsichtigen Klebebands befestigen. Unten am Schlauch befestigen Sie einen Gefrierbeutel, der mit 50 ml blau gefärbtem Wasser gefüllt ist. Füllen Sie das Glas mit 50 ml Wasser und färben Sie dieses rot ein.

DURCHFÜHRUNG

Treffen Sie sich mit den Kindern im Kreis. Erklären Sie den Kindern, dass unsere Nahrung durch den Mund (Trichter) durch die Speiseröhre (Plastikschlauch) bis in den Magen (Gefrierbeutel) gelangt. Unten im Magen ist die Magensäure (blaues Wasser) zu finden. Diese spaltet unsere Nahrung auf.

Bitten Sie eines der Kinder, vorsichtig die 50 ml rot gefärbtes Wasser in den Trichter zu schütten. Die Kinder können so beobachten, wie das rote Wasser in den Magen gelangt und sich dort beim Zusammentreffen mit dem blauen Wasser (Magensäure) lila färbt.

ORGANE PUZZELN

Alter ab 5 Jahren

Anzahl der Kinder 2–6 Kinder

Das lernen die Kinder Mit diesem bunten Puzzle bekommen die Kinder eine bessere Vorstellung über das Aussehen und die Zuordnung der Organe.

Das brauchen Sie

- **1 Schere pro Kind**
- **1 Klebestift pro Kind**
- **Kopiervorlage „Organpuzzle 1" für jedes Kind (siehe Anhang)**
- **Kopiervorlage „Organzpuzzle 2" für jedes Kind (siehe Anhang)**

VORBEREITUNG

Kopieren Sie für jedes Kind die Kopiervorlagen „Organpuzzle 1" und „Organpuzzle 2" und stellen Sie die benötigten Materialien bereit.

DURCHFÜHRUNG

Geben Sie jedem Kind eine Kopie des „Organpuzzles". Gehen Sie mit den Kindern die Organe gemeinsam durch und fragen Sie sie, ob sie die abgebildeten Organe bereits kennen. Nun können die Kinder die Organe ausschneiden und versuchen, sie an die richtige Stelle zu kleben.

ORGANE KNETEN

Alter ab 5 Jahren

Anzahl der Kinder 2–6 Kinder

Das lernen die Kinder Die Kinder lernen die Organe besser kennen und dürfen ein Modell aus Knete von diesen nachbauen, um eine bessere Vorstellung von deren Form zu bekommen.

Das brauchen Sie

- **Knete in unterschiedlichen Farben**
- **Kopiervorlage „Organpuzzle 2" für jedes Kind (siehe Anhang)**
- **1 kleines Knetmesser pro Kind**

VORBEREITUNG

Kopieren Sie die Vorlage „Knetmatte Organe" für jedes Kind und laminieren Sie diese jeweils ein.

DURCHFÜHRUNG

Geben Sie jedem Kind eine vorbereitete, laminierte Knetmatte mit den abgebildeten Organen. Fragen Sie die Kinder, welche Organe sie bereits kennengelernt haben und wofür diese im Körper zuständig sind. Erklären Sie die übrigen Organe. Nun können die Kinder versuchen, die Organe aus Knete nachzuformen und an die richtige Position auf der laminierten Vorlage zu legen.

UNSEREN SINNEN AUF DER SPUR

Mit unseren Sinnen können wir die Welt entdecken. Dazu brauchen wir unsere Augen zum Sehen, unsere Ohren zum Hören, unsere Nase zum Riechen, unseren Mund zum Schmecken und unsere Haut zum Fühlen. Unsere Wahrnehmung hängt ganz entscheidend von der Funktion unserer Sinnesorgane ab. Auch für unsere Körpererfahrung benötigen wir die Wahrnehmung mit all unseren Sinnen, damit ein gutes Körperschema und ein positives Körperbild entstehen können.
In diesem Kapitel lernen die Kinder die Funktionen ihrer Sinnesorgane gezielt kennen. In unterschiedlichen Angeboten stehen die einzelnen Bereiche im Vordergrund und werden so differenziert gefördert.

HORCH MAL: KATZ & MAUS

Alter ab 3 Jahren

Anzahl der Kinder 6–12 Kinder

Das lernen die Kinder Die Kinder können in einem Bewegungsspiel das Richtungshören mit viel Spaß erproben.

Das brauchen Sie

- **2 Augenbinden**
- **2 Rasseln**

VORBEREITUNG

Stellen Sie die benötigten Materialien bereit und treffen Sie sich mit den Kindern in einem Kreis.

DURCHFÜHRUNG

Wählen Sie ein Kind als Katze aus und ein Kind als Maus. Die Kinder bekommen jeweils eine Augenbinde umgebunden und eine Rassel zur Hand.
Schließen Sie mit den restlichen Kindern den Kreis, indem sich alle an den Händen fassen.
Die Katze und die Maus befinden sich innerhalb des geschlossenen Kreises. Die Katze hat die Aufgabe, die Maus zu fangen. Dabei darf sie mit der Rassel dreimal „nachfragen“, wo sich die Maus befindet. Die Maus muss mit ihrer Rasseln dreimal antworten. Das Spiel endet, wenn die Katze die Maus gefangen hat. Anschließend können die Rollen getauscht werden.

HÖR MAL GENAU HIN: TISCHTENNISBÄLLE

Alter ab 3 Jahren

Anzahl der Kinder 1–12 Kinder

Das lernen die Kinder Die Kinder lauschen lange einem Geräusch und dessen abnehmender Lautstärke. Dafür müssen sie sich gut konzentrieren und dem Geräusch so lange wie möglich folgen.

Das brauchen Sie

- **1 Matte pro Kind**
- **1–5 Tischtennisbälle**

VORBEREITUNG

Platzieren Sie für jedes Kind eine Matte auf dem Boden, damit die Kinder sich bequem hinlegen können. Legen Sie die Tischtennisbälle bereit.

DURCHFÜHRUNG

Versammeln Sie sich mit den Kindern bei den Matten. Erklären Sie ihnen, dass sie sich bequem hinlegen oder hinsetzen dürfen. Nun lassen Sie zunächst einen Tischtennisball fallen. Die Kinder sollen dem Geräusch des springenden Tischtennisballs genau zuhören. Sobald sie kein Geräusch mehr von diesem wahrnehmen können, heben sie die Hände. Das können Sie nun mehrmals wiederholen.

Sie können auch die Anzahl der Tischtennisbälle bei der Übung verändern und damit die Schwierigkeit erhöhen.

Fragen Sie die Kinder anschließend, wie viele Tischtennisbälle sie gehört haben. Haben manche Tischtennisbälle früher aufgehört, Geräusche zu machen, als andere?

RICHTUNGSHÖREN MIT GLÖCKCHEN

Alter ab 3 Jahren

Anzahl der Kinder 1–12 Kinder

Das lernen die Kinder Die Kinder hören genau hin und versuchen, die Richtung ausfindig zu machen, aus der das Geräusch kommt. Dabei sollen die Kinder ganz gezielt ein Geräusch lokalisieren.

Das brauchen Sie

- **1 Glöckchen**

VORBEREITUNG

Legen Sie das Glöckchen bereit und treffen Sie sich mit den Kindern im Sitzkreis.

DURCHFÜHRUNG

Erklären Sie den Kindern, dass Sie gleich das Glöckchen erklingen lassen werden. Die Kinder sollen dabei ihre Augen geschlossen halten. Wenn die Kinder das Glöckchen hören, sollen sie dorthin deuten, wo sie den Ursprung des Geräuschs wahrnehmen bzw. vermuten. Anschließend verändern Sie Ihre Position im Raum und wiederholen die Übung.

VARIATION

Lassen Sie eines der Kinder mit dem Glöckchen einen Platz im Raum finden und das Glöckchen läuten.

TIPP Wechseln Sie leise die Positionen im Raum. Wenn die Kinder Schwierigkeiten mit dem Lokalisieren der Richtung haben, lassen Sie das Glöckchen mehrmals an der gleichen Stelle erklingen.

DUFTGLÄSER

Alter ab 3 Jahren

Anzahl der Kinder 2–4 Kinder

Das lernen die Kinder Durch die Wahrnehmung unterschiedlicher Gerüche machen die Kinder neue olfaktorische Erfahrungen und können diese Düfte anschließend auch benennen.

Das brauchen Sie

- **6 kleine Marmeladengläser mit Schraubverschluss**
- **Wattepads**
- **Duftöle in unterschiedlichen Duftrichtungen**

VORBEREITUNG

Stellen Sie die benötigten Materialien bereit.

DURCHFÜHRUNG

Die Kinder tröpfeln von den Duftölen jeweils 3–5 Tropfen auf ein Wattepad und legen dieses anschließend in ein kleines Marmeladenglas. Anschließend können die Kinder der Reihe nach an den unterschiedlichen Düften riechen und die Unterschiede feststellen. Können die Kinder die Gerüche auch zuordnen und benennen?

TIPP Bitte benutzen Sie nur 100 % naturreine Duftöle, da künstliche Duftstoffe Allergien hervorrufen können.

GERUCHSMEMORY

Alter ab 3 Jahren

Anzahl der Kinder 2–6 Kinder

Das lernen die Kinder Die Kinder erkennen gleiche Gerüche und können diese zusammenbringen. Dafür müssen sie ganz genau riechen und gut differenzieren können.

Das brauchen Sie

- **18 Filmdöschen**
- **9 verschiedene duftende Materialien oder Duftöle auf Wattepads (z. B. Mandarine, Salbei, Vanille, Kaffee, Zimt, Anis, Eukalyptus, Zitrone, Lavendel, Rose)**
- **18 Markierungspunkte in neun verschiedenen Farben**

VORBEREITUNG

Füllen Sie in jeweils zwei Filmdöschen das gleiche duftende Material und verschließen Sie die Dosen. Kleben Sie jeweils die gleichfarbigen Markierungspunkte unter die Filmdöschen.

DURCHFÜHRUNG

Erklären Sie den Kindern, dass jeweils in zwei Filmdosen der gleiche Duft zu riechen ist. Die Kinder können zu zweit oder viert gegeneinander nach den klassischen Memory-Regeln spielen. Wenn Sie die gleichen Düfte ausfindig machen, dürfen die Kinder die Filmdöschen an sich nehmen. Gewonnen hat das Kind oder das Team, das die meisten Duft-Pärchen gefunden hat. Die Markierungspunkte dienen als Kontrolle.

TIPP Falls Sie Duftöle verwenden, benutzen Sie nur 100 % naturreine, da künstliche Duftstoffe Allergien hervorrufen können.

GEWÜRZE UND KRÄUTER RIECHEN UND ZUORDNEN

Alter ab 4 Jahren

Anzahl der Kinder 1–4 Kinder

Das lernen die Kinder Die Kinder lernen die unterschiedlichen Gerüche von Kräutern und Gewürzen kennen und können diese passend zuordnen. Durch die passenden Bildkarten können auch Kinder mit geringerer Sprachkompetenz an dem Angebot gut teilnehmen.

Das brauchen Sie

- Kopiervorlage „Bildkarten Gewürze und Kräuter"
- ggf. Laminiergerät
- 8 kleine Marmeladengläser mit Schraubverschluss
- Washitape
- Watte
- folgende Gewürze und Kräuter
  - Anis
  - Zimtstange
  - Vanilleschote
  - Pfefferkörner
  - Kaffeebohnen
  - Rosmarinstängel
  - Orangenschale
  - Pfefferminzblätter

VORBEREITUNG

Kopieren Sie die Kopiervorlage „Bildkarten Gewürze und Kräuter" und laminieren Sie die Karten ggf., um sie länger haltbar zu machen.
Kleben Sie um die kleinen Marmeladengläser das Washitape, damit man den Inhalt nicht mehr sehen kann.
Füllen Sie die Gläser einzeln mit den Kräutern und Gewürzen. Dazu legen sie diese auf ein Wattebett in das Marmeladenglas.

DURCHFÜHRUNG

Die Kinder bekommen die Karten und die gefüllten Marmeladengläschen zum Riechen. Zunächst können die Kinder alle Düfte einmal riechen. Im nächsten Schritt sollen die Kinder die Marmeladengläschen der passenden Karte mit den abgebildeten Kräutern und Gewürzen zuordnen.

TIPP Diese Aufgabe lässt sich auch hervorragend auf einem Lerntablett arrangieren. Dazu die Materialien auf das Lerntablett legen und zur Selbstkontrolle die Karten und die Unterseite der Marmeladengläschen mit gleichfarbigen Punkten kennzeichnen.

SCHMECKEN MIT DER NASE

Alter ab 3 Jahren

Anzahl der Kinder 2–12 Kinder

Das lernen die Kinder Der Geruchs- und der Geschmackssinn hängen eng zusammen. Unsere Zunge kann hauptsächlich süß, salzig, sauer und bitter schmecken. Die Details eines Geschmacks entstehen jedoch in der Nase.

Das brauchen Sie

- 1 Zahnstocher pro Kind
- 1 Augenbinde pro Kind
- 1 Wäscheklammer pro Kind
- 1 Apfel
- 1 Zwiebel
- 1 Teller
- 1 Messer
- 1 Schneidebrett

VORBEREITUNG

Waschen Sie den Apfel und die Zwiebel. Stellen Sie die benötigten Materialien bereit.

DURCHFÜHRUNG

Schneiden Sie mit den Kindern die Zwiebel und den Apfel in kleine Stücke und legen diese auf einen Teller.

Die Kinder setzen sich nun eine Wäscheklammer auf die Nase und verbinden sich die Augen. Die Kinder bekommen mithilfe eines Zahnstochers nacheinander ein Stück Zwiebel und ein Stück Apfel. Fragen Sie die Kinder anschließend, was sie probiert haben. Konnten die Kinder einen Unterschied schmecken?
Erinnern Sie die Kinder daran, dass, wenn sie einen dicken Schnupfen haben, alles anders schmeckt als sonst. Das liegt daran, dass Geruch und Geschmack zusammenhängen. Unsere Zunge kann nur sauer, süß, salzig und bitter sowie umami schmecken. Aber die kleinen Unterschiede im Geschmack werden über die Nase, über unseren Geruchssinn wahrgenommen.

ICH SCHMECKE WAS, WAS DU NICHT SIEHST, UND DAS IST ROT

Alter ab 3 Jahren

Anzahl der Kinder 2–6 Kinder

Das lernen die Kinder Bewusst unterschiedliche Obst- und Gemüsesorten zu schmecken, zu unterscheiden und zu benennen.

Das brauchen Sie

- **1 kleine Gabel pro Kind**
- **1 Augenbinde pro Paar**
- **ca. jeweils 100 g Obst und Gemüse der Saison**
- **1 kleiner Teller pro Kind**
- **1 Messer**
- **1 Schneidebrett**

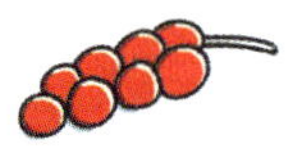

VORBEREITUNG

Waschen Sie mit den Kindern das Obst und Gemüse der Saison. Schneiden Sie es anschließend gemeinsam in kleine Stücke. Legen Sie von allen Sorten jeweils ein Stück pro Kind auf einen kleinen Teller. Stellen Sie die Teller, Gabeln und Augenbinden bereit.

DURCHFÜHRUNG

Die Kinder finden sich zu zweit zusammen. Ein Kind bekommt ein Augenbinde aufgesetzt. Das andere Kind gibt dem Kind mit den verbundenen Augen nacheinander mit der Gabel die vorbereiteten Stücke Obst und Gemüse der Saison. Dabei darf das Kind mit den verbundenen Augen raten, was es zu essen bekommen hat. Der Partner darf dabei Tipps zum Aussehen des Obstes und Gemüses geben.

DA BLEIBT MIR GLATT DIE SPUCKE WEG

Alter ab 4 Jahren

Anzahl der Kinder 4–6 Kinder

Das lernen die Kinder Speichel ist wichtig für den Essensvorgang und das Schlucken. Die Schluckbedingungen verbessern sich durch Flüssigkeit und die Kinder erfahren, welchen Unterschied diese machen kann.

Das brauchen Sie

- **20 Salzstangen pro Kind**
- **1 Glas Wasser pro Kind**

VORBEREITUNG

Stellen Sie die benötigten Materialien bereit.

DURCHFÜHRUNG

Die Kinder bekommen jeder zunächst zehn Salzstangen und dürfen diese so schnell wie sie können essen. Anschließend bekommen sie ein Glas Wasser zu trinken und dürfen nochmals zehn Salzstangen so schnell wie möglich essen.
Fragen Sie die Kinder anschließend, bei welcher Variante es besser geklappt hat, die Salzstangen schneller zu essen. Woran könnte das wohl liegen?

MERKSPIEL: PLÖTZLICH FEHLT DA WAS

Alter ab 3 Jahren

Anzahl der Kinder 2–6 Kinder

Das lernen die Kinder Die Kinder schulen ihre visuelle Wahrnehmungs- und Merkfähigkeit spielerisch. Dabei müssen sie sich die Gegenstände genau einprägen.

Das brauchen Sie

- **10 kleine Gegenstände (z. B. Büroklammer, Tischtennisball, Plastikei, Radiergummi etc.)**
- **1 Tuch**

VORBEREITUNG

Legen Sie die zehn kleinen Gegenstände unter ein Tuch und treffen Sie sich mit den Kindern im Kreis.

DURCHFÜHRUNG

Die Kinder bekommen die Gegenstände eine Minute lang zu sehen und sollen sie sich einprägen. Anschließend wird das Tuch wieder über die Gegenstände gelegt. Dabei nehmen sie verdeckt ein oder zwei Teile weg. Nun werden den Kindern die übrigen Gegenstände erneut gezeigt. Können die Kinder erkennen, welche Gegenstände fehlen?

AUF FARBENSUCHE IN DIE NATUR GEHEN

Alter ab 4 Jahren

Anzahl der Kinder 4–12 Kinder

Das lernen die Kinder Die Natur bietet eine Fülle von Farben, und Farben bieten den Kindern eine Möglichkeit zur Orientierung und Ordnung. Gerade für die Wahrnehmung des eigenen Körpers im Raum sind Farben hilfreich.

Das brauchen Sie

- **1 Eierkarton pro Kind**

VORBEREITUNG

Gehen Sie mit den Kindern in ein nahes Waldstück. Geben Sie jedem Kind einen Eierkarton.

DURCHFÜHRUNG

Bitten Sie die Kinder, in jeder Vertiefung des Eierkartons eine unterschiedliche Farbe zu sammeln. Dabei sollen natürlich keine Lebewesen gesammelt werden.
Anschließend können die Kinder ihre Schätze der Gesamtgruppe zeigen.

TIPP Wiederholen Sie diese Aufgabe zu unterschiedlichen Jahreszeiten. Kann man dort bei den gesammelten Farben Unterschiede erkennen?

WASCHANLAGE

Alter ab 3 Jahren

Anzahl der Kinder 3–10 Kinder

Das lernen die Kinder Die Kinder spüren bewusst ihren Körper und nehmen die Berührungen der anderen Kinder wahr. Neben der Förderung der Körperorientierung wird dabei auch die soziale Kompetenz geschult.

Das brauchen Sie

- **1 weiche Bürste pro Kind**
- **2 Gymnastikmatten**

VORBEREITUNG

Legen Sie zwei Gymnastikmatten hintereinander. Stellen Sie die weichen Bürsten bereit.

DURCHFÜHRUNG

Die Kinder bilden eine Gasse im Kniestand. Jedes Kind bekommt eine weiche Bürste. Ein Kind darf als Auto durch die Waschanlage fahren. Es krabbelt dafür durch die Gasse der anderen Kinder. Diese putzen das Auto vorsichtig sauber. Dabei bestimmt das Kind das Tempo selbst, mit dem es durch die Waschanlage krabbelt.

TIPP Stellen Sie den Kindern ein Rollbrett als Alternative zur Verfügung. So kann das Kind durch die Waschanlage auf dem Rollbrett fahren.

FÜHLSTATIONEN

Alter ab 3 Jahren

Anzahl der Kinder 4–8 Kinder

Das lernen die Kinder Die Kinder erfühlen unterschiedliche Materialien, ohne diese zu sehen. Dies ist gerade für die Förderung des Tastsinns gut.

Das brauchen Sie

- **8 Schuhkartons**
- **8 unterschiedliche Materialien, die weich, hart, rau, glatt sind**
- **Scheren**
- **Sprühkleber**

VORBEREITUNG

Schneiden Sie mit einer Schere in jeden Schuhkarton ein Loch, in das die Kinder greifen können. Stellen Sie die benötigten Materialien bereit und treffen Sie sich mit den Kindern am Basteltisch.

DURCHFÜHRUNG

Jedes Kind darf sich einen Schuhkarton nehmen und in diesen eins der Materialien auf den Boden kleben.
Nach dem Trocknen können Sie mit den Kindern die Fühlstationen aufstellen. Hier können die Kinder jeweils in die Kartons greifen und die unterschiedlichen Materialien in den Kartons beschreiben und benennen.

TIPP Geeignete Materialien sind Alltags- und Naturmaterialien wie Watte, Haushaltsschwämme, Holzscheiben, Tannenzapfen, Kastanien, Steine, Wäscheklammern etc.

STREICHELEINHEITEN

Alter ab 3 Jahren

Anzahl der Kinder 4–12 Kinder

Das lernen die Kinder Die Kinder können unterschiedliche Materialien auf ihrem Körper fühlen und Unterschiede erkennen.

Das brauchen Sie

- **1 Gymnastikmatte pro Paar**
- **verschiedene Materialien wie Federn, Pinsel, Watte, Waschlappen, Nagelbürste, Steine, Kastanien, Haarbürsten**
- **1 Körbchen**

VORBEREITUNG

Legen Sie für jedes Kinderpaar eine Gymnastikmatte sternförmig aus. Stellen Sie die benötigten Materialien in einem Körbchen bereit.

DURCHFÜHRUNG

Die Kinder finden sich zu zweit zusammen. Ein Kind legt sich mit dem Bauch auf die Gymnastikmatte, das andere Kind hockt sich daneben. Das liegende Kind schließt die Augen. Das hockende Kind darf aus dem Körbchen ein beliebiges Material auswählen und dem Partner damit vorsichtig über den Rücken streicheln. Der liegende Partner soll nun erraten, welches Material auf seinem Rücken genutzt wird. Anschließend wird getauscht.

TIPP Sie können die Übung als Karussell durchführen und die Kinder bleiben liegen, während die Partner mit ihrem gewählten Material im Uhrzeigersinn von einem Kind zum anderen weitergehen.

TASTSÄCKCHEN

Alter ab 2 Jahren

Anzahl der Kinder 2–6 Kinder

Das lernen die Kinder Die Kinder können zwei gleiche Materialien in Säckchen erfühlen, dabei wird spielerisch die taktile Wahrnehmung gefördert.

Das brauchen Sie

- **2 verschiedene Stoffreste aus Baumwollstoff**
- **Nähmaschine**
- **Garn**
- **kleine Materialien zum Füllen: Bratenschlauchfolie, Linsen, Trinkhalme, Knöpfe, Bohnen, kleine Glöckchen, Watte, Reis**

VORBEREITUNG

Nähen Sie aus den beiden Stoffresten jeweils acht Säckchen in der Größe 10 cm x 10 cm. Füllen Sie jeweils zwei Säckchen mit den gleichen Materialien. Nähen Sie anschließend die Säckchen komplett zu.

DURCHFÜHRUNG

Legen Sie die Fühlsäckchen in ein kleines Körbchen. Lassen Sie die Kinder die Säckchen erfühlen und erraten, was sich in diesen jeweils befindet.
Stellen Sie den Kindern die Aufgabe, die Säckchen zu sortieren und die jeweils gleich gefüllten Säckchen zusammenzulegen.
Anschließend können die Kinder mit den Fühlsäckchen ein Memory spielen.

TIPP Falls Sie selber nicht nähen können, fragen Sie in der Elternschaft nach.

FORMEN SORTIEREN

Alter ab 3 Jahren

Anzahl der Kinder 4–12 Kinder

Das lernen die Kinder Die Kinder können unterschiedliche Formen erkennen und diese richtig zuordnen.

Das brauchen Sie

- **Klebeband**
- **1 kleines Körbchen**
- **50 kleine Formen (Dreieck, Kreis, Rechteck, Quadrat) aus Moosgummi oder Tonkarton**
- **Klebeband**

VORBEREITUNG

Schneiden Sie aus Moosgummi oder Tonkarton ca. 50 kleine Formen (Dreieck, Kreis, Rechteck und Quadrat) aus und legen sie diese in ein kleines Körbchen. Kleben Sie im Turnraum die gleichen Formen ca. 50 cm groß auf den Boden und treffen Sie sich dort mit den Kindern.

DURCHFÜHRUNG

Zeigen Sie den Kindern die unterschiedlichen Formen und fragen Sie sie, wie diese heißen. Anschließend haben die Kinder die Aufgabe, immer eine Form aus dem Körbchen zu nehmen und zu der passenden auf dem Boden aufgeklebten Form zu legen. Wenn alle Formen zugeordnet wurden, können Sie diese gemeinsam mit den Kindern überprüfen.

MUMIE

Alter ab 3 Jahren

Anzahl der Kinder 2–8 Kinder

Das lernen die Kinder Die Kinder nehmen durch die Tücher ihr Körperschema bewusst wahr und lernen einen guten Umgang miteinander. Gerade die leichten Berührungen der Tücher fördern die Wahrnehmung der Oberflächensensibilität.

Das brauchen Sie

- **10 saubere Handtücher oder Geschirrtücher**
- **1 Gymnastikmatte**

VORBEREITUNG

Legen Sie die Gymnastikmatte in die Mitte und die sauberen Handtücher oder Geschirrtücher auf der Gymnastikmatte bereit.

DURCHFÜHRUNG

Ein Kind legt sich mit dem Bauch auf die Gymnastikmatte. Die anderen Kinder bekommen die sauberen Handtücher oder Geschirrtücher und packen das Kind damit ein. Der Kopf wird dabei frei gelassen. Das liegende Kind darf entscheiden, ob die Tücher nur lose auf den Körper gelegt oder fest um den Körper gespannt werden.

STECKBRIEF

Name: ______________________________

Ich bin

1 2 3 4 5 6 7 Jahre alt.

Meine Augenfarbe ist: 

Meine Haarfarbe:

Ich bin ________ cm groß und wiege ________ kg.

Platz für Foto oder Bild

SO GROSS BIN ICH

Körperlänge als Faden aufkleben

Der Faden ist genau so lang wie mein Körper.

Ich bin __________ cm groß.

Datum: ___________________

WIE SCHWER BIN ICH?

Ich bin __________ kg schwer. Das entspricht __________ Mehlpackungen.

Datum: ____________________

Platz für Foto

SKELETTMODELL

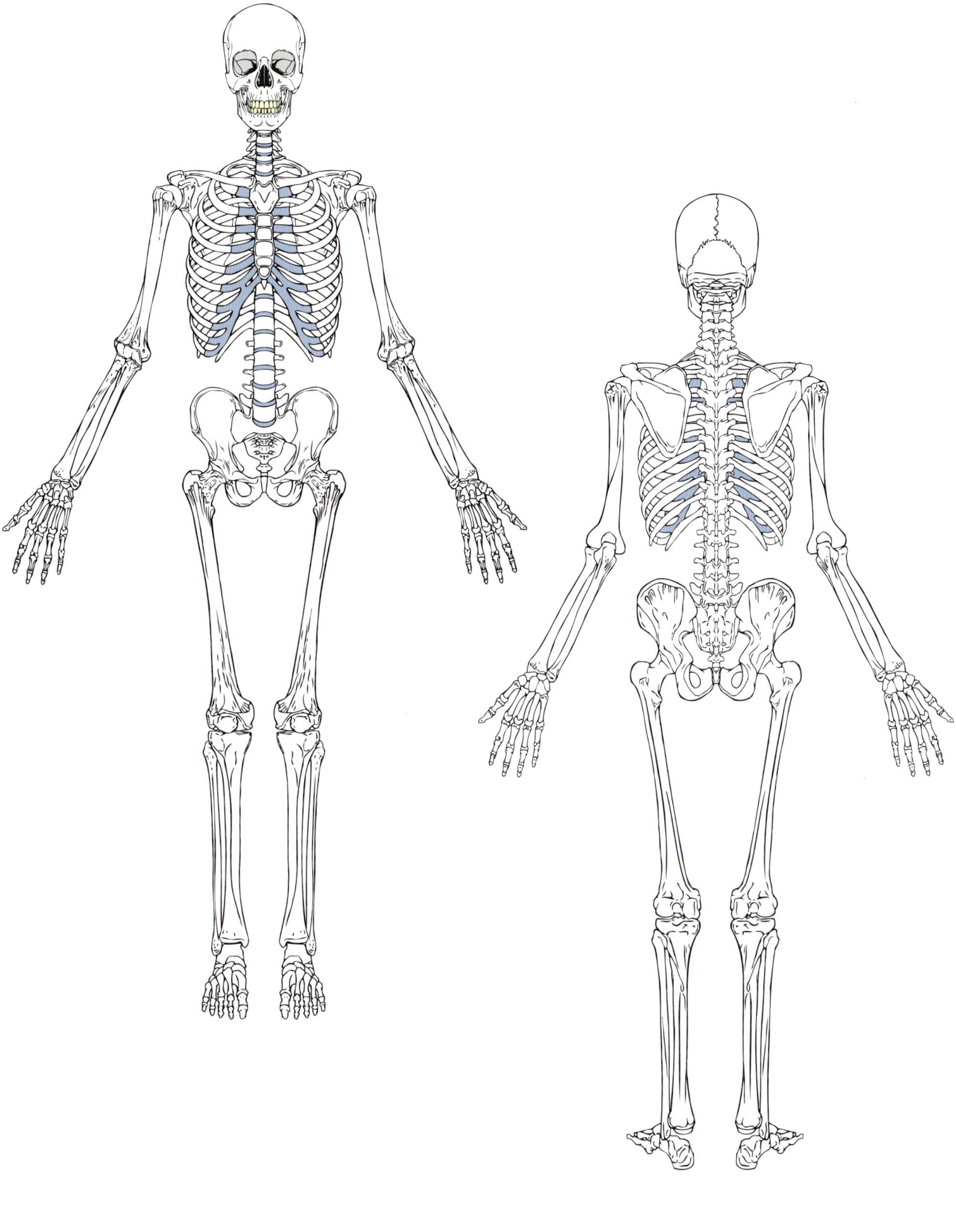

LANGE, KURZE UND FLACHE KNOCHENFORMEN

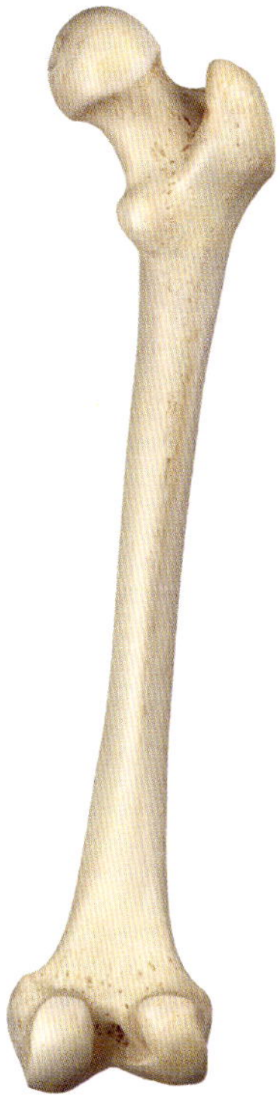

Röhrenknochen
(Oberschenkelknochen)

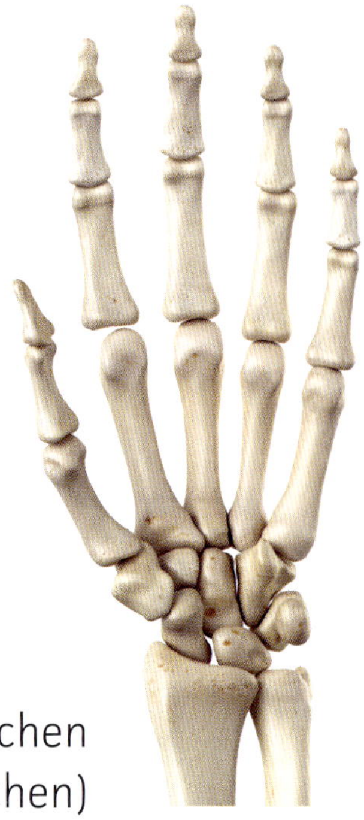

kurze Knochen
(Handwurzelknochen)

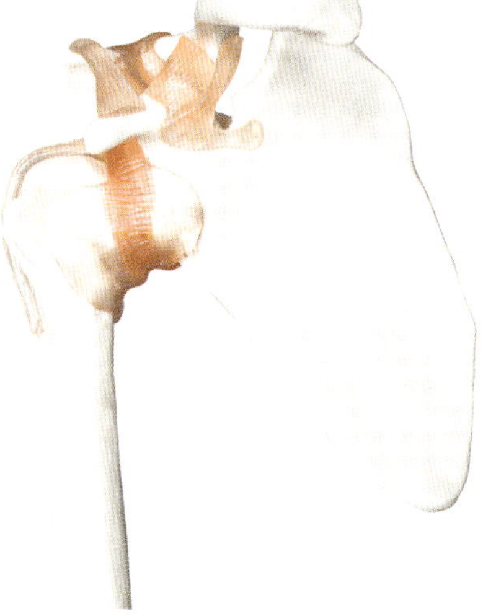

flache Knochen
(Schulterblatt)

KNOCHENAUFBAU DER HAND

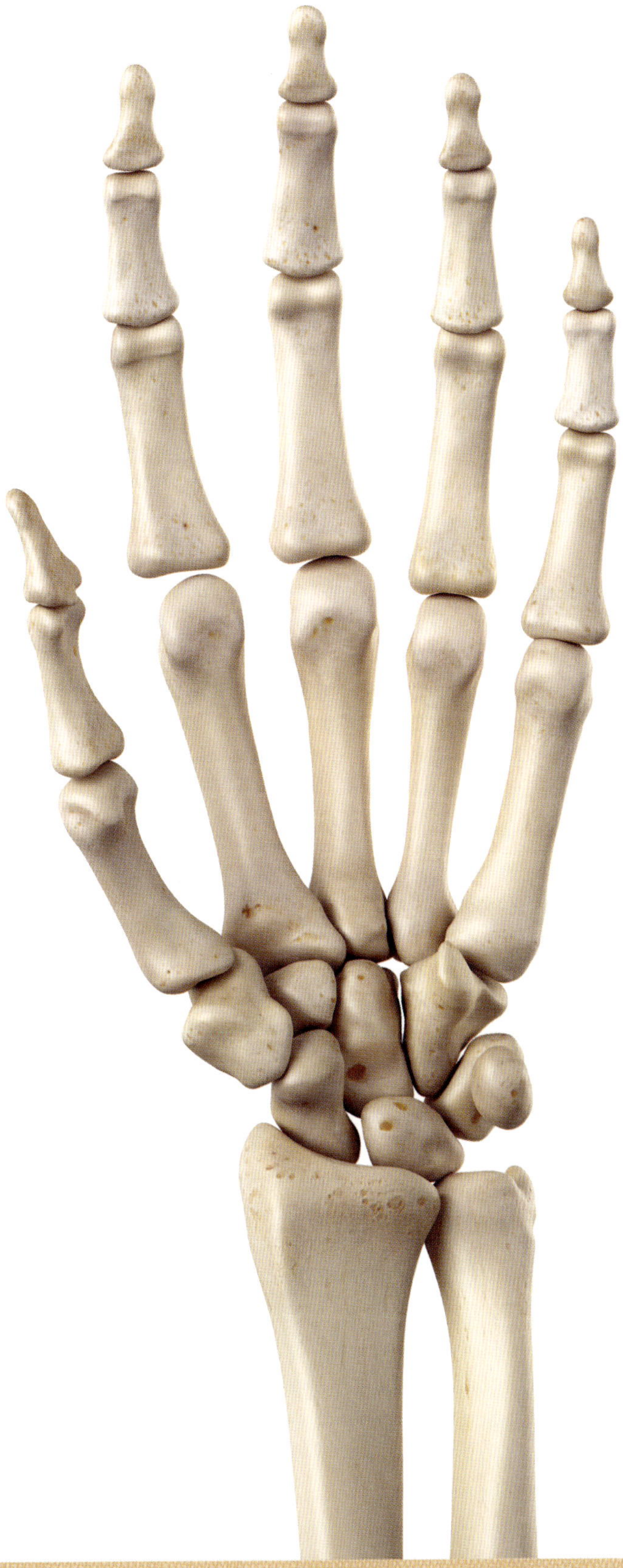

BILDKARTEN ZUM RICHTIGEN HEBEN UND TRAGEN

PULSTABELLE

Name	Ruhepuls	Puls 1 Min. Laufen	Puls 3 Min. Laufen

ORGANPUZZLE 1

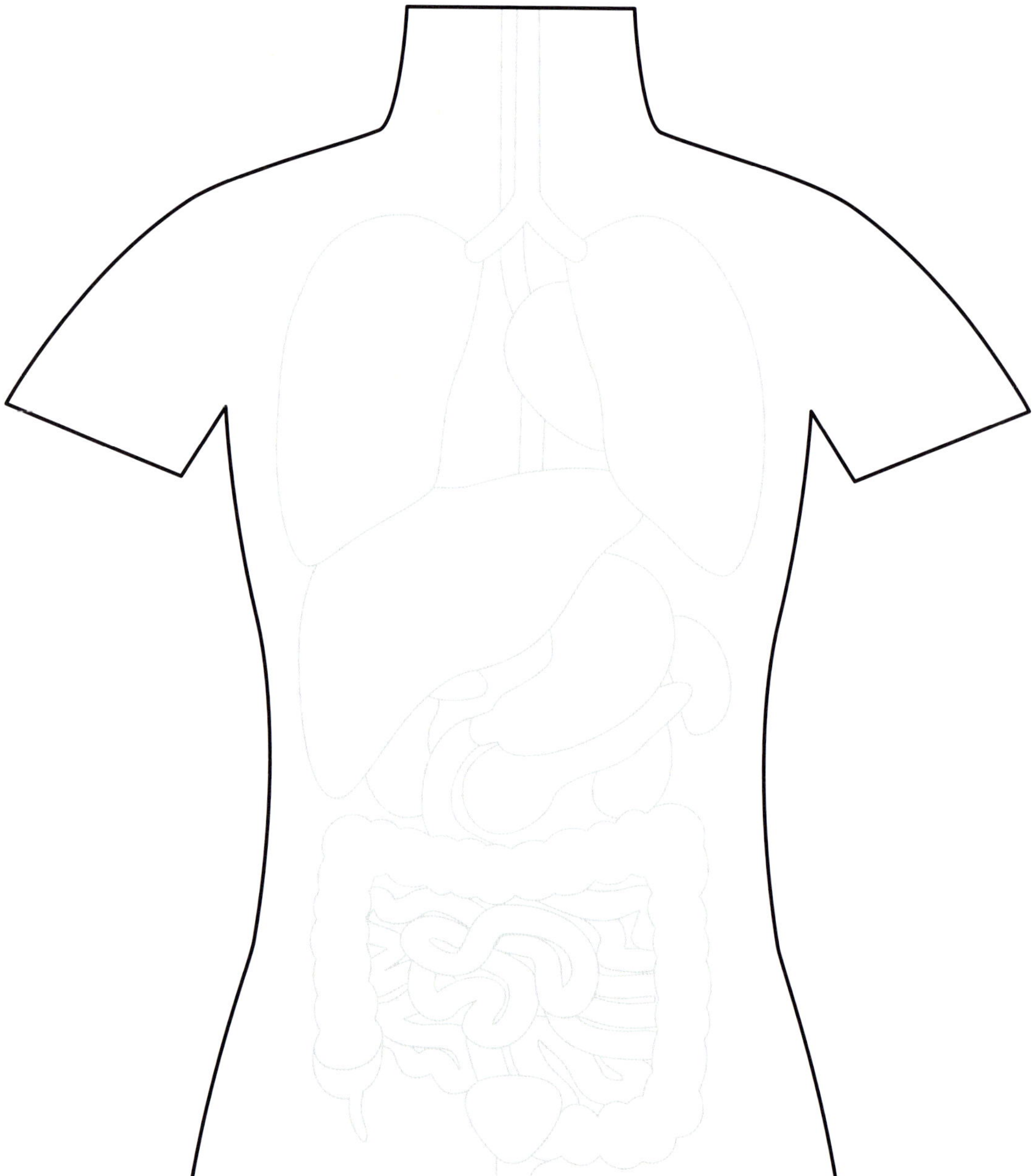

ORGANPUZZLE 2

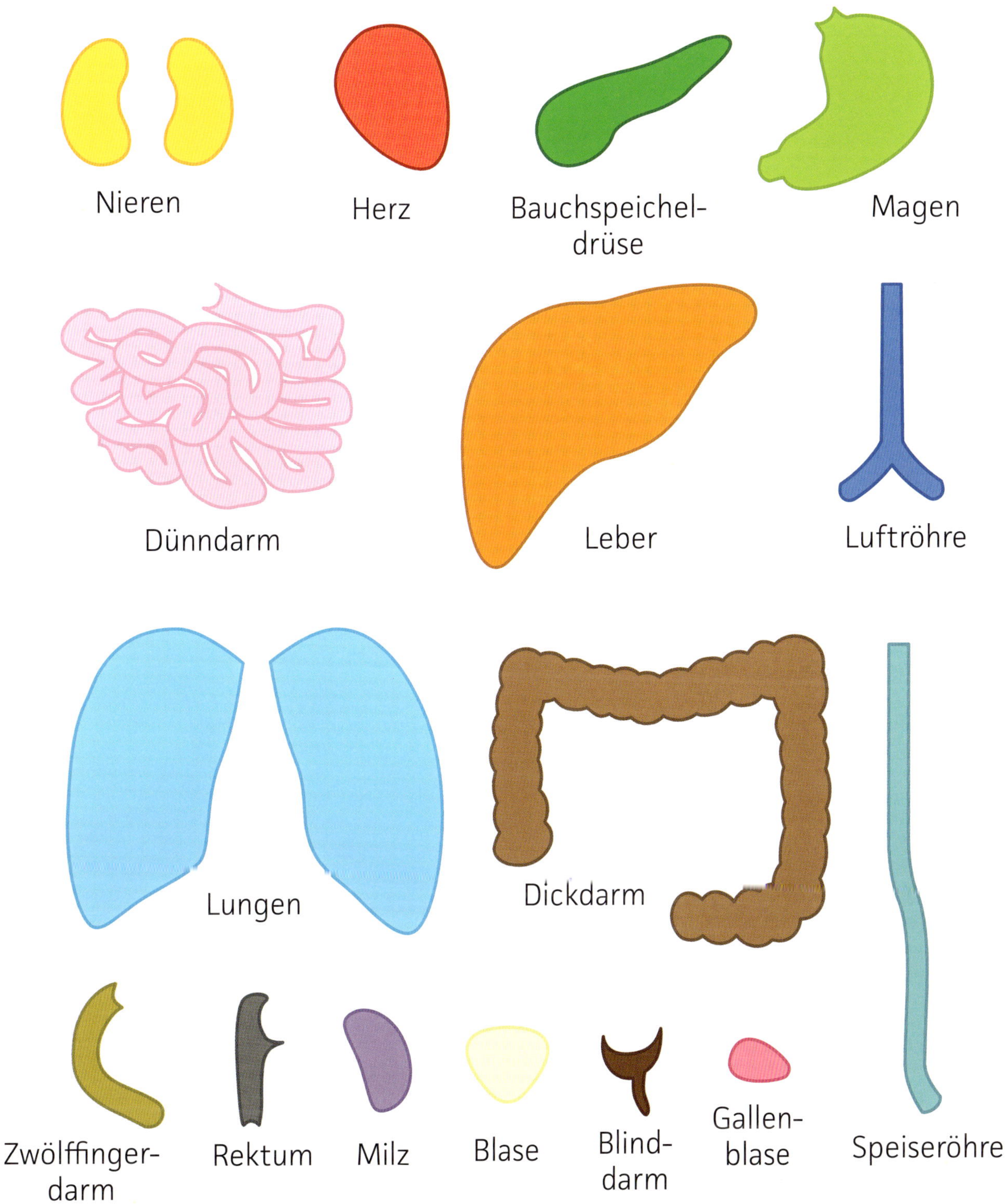

BILDKARTEN GEWÜRZE UND KRÄUTER

DAS BIN
ICH

Bibliografische Information der Deutschen Bibliothek
Die Deutsche Bibliothek verzeichnet diese Publikation in der Deutschen Nationalbibliografie; detaillierte bibliografische Daten sind im Internet über http://dnb.ddb.de abrufbar.

1. Auflage 2022

Texte: Britta Bartoldus
Illustrationen: Ilka Röhling
Fotos: *Cover* © Sergey Novikov – Adobe Stock; *Inhalt* S. 15 © Rawpixel.com – Adobe Stock, S. 38 © Creativa Images – Adobe Stock, S. 54 © yanadjan – Adobe Stock, S. 66 © Oksana Kuzmin – Adobe Stock, S. 84 © ssstocker – Adobe Stock, S. 86 © FishCoolish – Adobe Stock, S. 87 © vectorus – Adobe Stock, S. 88 Oberschenkelknochen und Handknochen © SciePro – Adobe Stock, Schulterblatt © digitale-fotografien – AdobeStock, S. 90, 92, 93 © MicroOne – Adobe Stock, S. 94 Orangenschale © Klaus Eppele – Adobe Stock, Pfeffer © UMA – Adobe Stock, Vanille © oxie99 – Adobe Stock, Kaffebohnen ©_Christian Jung – Adobe Stock, Zimt © L.Klauser – Adobe Stock, Rosmarin © womue – Adobe Stock, Sternanis © UsedomCards.de – Adobe Stock, Pfefferminz © UMA – Adobe Stock

Druck und Bindung: Adverts Printing House

ISBN 978-3-7806-5172-3